to :

_____

_____

_____

from :

_____

잡담 말고 Small Talk

스몰토크

소소하지만 대체할 수 없는 매력적인 소통법

잡담 말고
스몰토크

Small Talk

데브라 파인 지음 | 김태승·김수민 옮김

일월일일

처음 스몰토크 사업을 시작했을 때, 한가한 주부의 소일거리 정
도로 치부하는 회의론자들을 아주 많이 만났다. 가끔 엄청난 직함
을 가진 사람들에게서 은밀한 도움을 청하는 전화를 받기도 했는
데, 그들 역시 하나같이 도움을 직접 청하지 않고 교묘하게 돌려
서 말했다. 물론 그건 충분히 이해할 수 있는 일이었다.

원래 나는 그저 그런 엔지니어였다. 부족한 사교성 때문에 늘
애를 먹었고, 서툰 말솜씨가 말실수로 이어지는 경우도 많았다. 이
책에 나와 있는 스몰토크 기술로 스스로를 치료하기 전까지, 정말
오랜 세월 동안 나는 소통과는 거리가 먼 사람이었고 소심한 사람
이었다.

어릴 때도 나는 참 존재감 없는 아이였다. 그저 교실 맨 뒷자리에 앉아 있는 뚱뚱하고 말 없는 아이였다. 뚱뚱하다고, 덩치 크다고 놀림도 많이 받았다. 가장 잊혀지지 않는 사건은 3학년 때 리타의 생일파티 때 일이다. 그날, 리타는 나와 또 다른 뚱뚱한 여자애만 빼고 반 아이들을 모두 초대했다. 너무나 큰 상처를 받은 나는 당황한 나머지 책의 세계로 도망쳤다. 더 이상 친구를 사귀려고 애쓰지 않았고, 결과적으로 또래 아이들과 어떻게 대화해야 하는지 배우지 못했다.

자연스럽게 나는 대화가 필요 없는 직업을 골랐고, 그런 점에서 엔지니어가 딱이었다. 나는 기술과 관련된 복잡한 공학적 질문에 대답하는 것에는 아무런 어려움도 느끼지 않았다. 그런 건 전문지식만 있으면 되는 것이었다. 하지만 각종 회의, 세미나, 비즈니스 모임에 참석하는 경우에는 달랐다. 다른 참석자들과 어울리는 것만도 벅찬데, 인맥을 구축하라거나 고객들을 직접 만나라는 지시를 받으면 완전 패닉이었다.

내가 대화를 시작하는 방법은 딱 하나, "무슨 일 하세요?"라고 묻는 것뿐이었다. 그리고 직업에 대한 이야기를 빠르게 주고받고 나면 끝! 나는 대화를 어떻게 이어나가야 하는지 알 수 없었고, 그래서 파티건 모임이건 웬만하면 모두 피했다. 어쩔 수 없이 참석한 경우에도 늘 나보다 입담 좋고 친절한 누군가가 나에게 말을 걸어 구원해주기를 바라는 신세였다.

결국 엔지니어로 일하는 동안에도 나는 여전히 대화 기술의 부족으로 고생해야 했다. 그러다가 나는 두 아이를 키우기 위해 잠시 일을 쉬기로 했다. 뚱뚱한 데다가 끊임없이 남의 시선을 의식하는 소심한 내가 정말 미치도록 싫었다.

나는 32킬로그램을 감량했다. 그러자 갑자기 자신감이 생겼다. 친구들도 사귀면서 재밌게 살고 싶어졌다. 하지만 그렇게 하려면 사교적인 대화 기술을 배워야 한다는 생각이 들었다. 나는 늘 사람들의 중심에 있는 인싸('insider'의 줄임말로 다른 사람들과 잘 어울려 지내는 사람을 일컫는 말 —편집자)들을 관찰하기 시작했다. 그들의 행동을 보고 메모하면서 소심하게 조금씩 따라했다. 첫 남편과 이혼한 다음부터 내 열정은 더욱 불타올랐다. 누군가를 만나려면 내가 먼저 손을 내밀어야 한다는 것을 깨달았다.

마흔 살 무렵, 나는 그동안 몸담아왔던 분야를 떠나 새로운 일을 시작했다. 새로운 사람들을 만나 대화하고 관계를 만들어가는 것은 나에게 매우 벅찬 일이었다. 하지만 어느 정도 시간이 지나자 대화 기술을 습득하는 것이 생각했던 것만큼 어려운 일이 아니라는 사실을 알게 되었다. 그렇지 않다면 대화를 잘하는 사람이 이 세상에 그처럼 많을 수는 없지 않은가?

나는 일단 대화를 5분 이상 유지하는 것을 목표로 정했는데, 내 첫 번째 스몰토크 실험은 완전 대성공이었다. 그날 나는 친구와 동네 술집에 갔다. 맞은편에 앉은 남자와 눈이 마주친 이후로 시선이 몇 번 오갔다. 내 친구가 쿡쿡 찔렀다.

"데브라, 가서 말 걸어 봐."

"뭐라고 말을 걸어, 할 말도 없는데. 저 사람이 나랑 얘기하고 싶었다면 벌써 왔겠지."

하지만 내 친구는 계속 나를 부추겼고 마침내 나는 자리에서 일어났다. 그를 향해 걸어가는 동안 심장이 쿵쾅쿵쾅 뛰었다. 내가 기어들어가는 목소리로 겨우 인사하자 그는 의자를 당겨 앉으며 만나서 반갑다고 말했다. 그렇게 어설프게 시작된 렉스와 나의 인연은 깊은 우정으로 발전했다. 렉스에 대해 많은 것을 알아가면서 무엇보다 놀라웠던 것은 렉스가 그날 먼저 내게 말을 걸지 않은 이유였다. 그때 나는 분명히 내 결점 때문일 거라고 생각했다. '나처럼 엄청 키 크고 뚱뚱한 여자를 누가 좋아하겠어?' 내 생각에 난 여자로서 최악이었다. 하지만 아니었다. 내가 아니라 그의 문제였다. 너무나 소심한 그는 부끄러워서 나에게 먼저 다가올 수 없었던 것이다.

그 믿기 어려운 사실을 알게 된 뒤로 내 삶은 완전히 바뀌었다. 재능 많고 스펙 짱짱한 사람들 중에도 낯가리는 소심쟁이들이 많다는 것을 알게 된 것이다. 그날 내 친구가 말을 걸어보라고 나를 설득하지 않았다면, 그리고 내가 용기를 내지 않았다면, 나는 이제 내 삶의 일부가 되어버린 이 근사한 남자를 만나지 못했을 것이다. 아, 그와 결혼했다는 게 아니라 내 가장 가까운 친구가 되었다는 뜻이다.

그날 이후로 나는 진심으로 스몰토크를 연마하기 시작했고, 다른 사람들과 관계를 형성하는 데 스몰토크가 얼마나 좋은 도구인지 알게 되었다. 나는 다른 사람들도 스몰토크를 잘 사용할 수 있도록 돕기 위해 스몰토크라는 내 사업을 시작했고, 그 이후로 매력적인 사람들을 수없이 만나 친구가 되었다. 나는 이제 내 하루하루에 의미와 깊이를 더해주는 다양한 친구들과 함께하는 즐거운 삶을 살고 있다.

이 책을 쓰는 나의 목표 또한 내가 배운 스몰토크 기술을 모두와 함께 나누는 것이다. 이 책에 소개한 스몰토크 기술들은 대화에 서툰 사람들뿐만 아니라 제법 대화를 잘 한다고 자부하는 사람들에게도 도움이 된다. 스몰토크의 엄청난 파급 효과를 알게 되는 순간, 아마 당신은 스몰토크의 가능성에 깜짝 놀라게 될 것이다. 친구와 동료들이 새록새록 생길 것이고, 전에는 끔찍하게 두려워하던 사교 모임을 이제는 새로운 가능성으로 즐기게 될 것이다.

내 친구 렉스는 몇 년 전에 멕시코에서 차 사고로 죽었다. 새로운 사람에게 말을 거는 것은 차를 운전하는 것에 비하면 얼마나 안전한가! 내가 그때 그 시끄러운 술집을 가로질러 그에게 다가감으로써 그의 짧은 인생의 일부가 될 수 있었던 것에 감사한다.

잠깐 시간을 내어 다음 페이지에 있는 '스몰토크 체크 리스트'를 풀어보자. 모든 시작은 나를 아는 것에서부터!

1. 나는 새로운 사업이나 친목 도모를 위해 1개 이상의 동아리나 그룹 활동을 하고 있다.　　　　　　　　　　　Yes　No

2. 나는 의식적으로 상대와 번갈아가며 대화하려고 노력한다.

　　　　　　　　　　　　　　　　　Yes　No

3. 나는 2명 이상의 구직이나 데이트를 도와주었다.　　Yes　No

4. 나는 1달에 2번 이상 직업과 관련된 모임이나 행사에 참석한다.

　　　　　　　　　　　　　　　　　Yes　No

5. 나는 누구에게든 친절한 편이다.　　　　　　　　Yes　No

6. 누가 안부를 물으면 건성으로 대답하지 않고 내가 최근에 겪은 흥미 로운 일들을 얘기해주는 편이다.　　　　　　　Yes　No

7. 미팅, 파티, 채용박람회 같은 곳에 가면, 적어도 3명 이상의 이름을 알아 온다.　　　　　　　　　　　　　　　Yes　No

결과가 어떤가?

대부분의 질문에 'Yes'라고 대답했다면 당신은 잘하고 있는 것이다. 3개 이상의 질문에 'No'라고 대답했다면 이제부터 스몰토크를 잘하려면 노력해야 한다는 뜻이다.

다음은 스몰토크를 잘하면 얻을 수 있는 것들이다.

✦ 새로운 비즈니스
✦ 다양한 친구
✦ 친밀한 관계 구축
✦ 데이트 상대
✦ 좋은 직장

좋다. 서론은 여기까지!
이제 본격적으로 작업을 시작해보자!

차례

15

스몰토크가 뭐야?

주차장에 차를 세우고 시동을 끈다. 다가올 2시간이 두려워 선뜻 일어나지 못하고 1분을 그대로 보낸다. 중요한 고객의 초대를 받고 개업축하 파티에 왔지만 이런 상황이 정말 싫다. 그 고객 말고는 아는 사람도 하나 없는데 대체 무슨 말을 해야 할지 감도 안온다. 피할 수 없는 자리라 마지못해 오긴 했지만 가서 뭘 한담? 어차피 사람들 사이에서 불안해보이지 않으려고 애쓰느라 필요 이상으로 먹고 마시는 게 전부겠지. 30분만 있다가 나와도 괜찮을까? 행사가 끝날 때까지 있지 않으면 고객을 무시하는 것처럼 보일까? 일찍 빠져나올 구실이 뭐 없을까? 누군가에게 긴급상황이 일어난 것처럼 전화해 달라고 부탁할까? 아이가 중요한 시합에 나간다고 말할까?

극심한 불안감 때문에 머리가 지끈지끈 아파온다. 진정하자! 그러다가 진짜로 어딘가 아플 수도 있다.

우리는 하루에 적어도 12번 이상, 많게는 수십 번 정도 가볍게 대화할 상황에 놓인다. 회사 가는 길에, 아이를 축구 연습장에서 집으로 데려올 때, 동료와 엘리베이터에서 마주쳤을 때, 가족들한테서 전화가 왔을 때, 업무회의를 할 때, 고객과 점심식사를 할 때, 마트에서 이웃을 만났을 때, 면접을 볼 때 등등 열거하자면 끝이 없다.

그러나 이처럼 가벼운 대화가 필요한 상황에서 적절하게 대화하는 것도 부담스러워 하는 사람이 꽤 많다. 그런 사람들은 이런 저런 사람들과의 만남에 점점 불안을 느끼게 되고 심지어 친목 모임이나 업무상의 점심약속, 이웃과의 만남조차 두려워하게 된다. 안타깝게도 그들은 자신의 불안에만 몰두한 나머지 오히려 오해를 불러일으켜 이웃과 친구, 동료들에게 무심하고 냉정하며 닫힌 사람으로 낙인찍힌다.

손턴 와일더(1897~1975, 미국 소설가 겸 극작가)의 연극 《우리 읍내》에서 의사인 프랭크 깁스는 아들의 결혼식 날 아침에 아내에게 이렇게 고백한다.

"신혼 때 난 걱정했어. 몇 주만 지나면 당신한테 할 얘깃거리가 떨어질까 봐."

스몰토크의 필요성이 요즘 들어 생긴 건 분명 아닌 모양이다.

만약 당신이 예전의 나처럼 대화를 시작하자마자 끝나는 사람이라면, 그리고 친목 모임이든 업무 관련 모임이든 늘 어쩔 수 없이 참석하는 사람이라면, 마지못해 참석한 모임에서도 할 말이 없어서 또는 대화에 끼어들지 못해서 늘 구석자리에 처박혀 있다가 오는 사람이라면 당신에게는 스몰토크 기술이 꼭 필요하다.

이 책에서 나는 당신에게 아래에 열거한 대화 기술을 전수하려고 한다. 이 대화 기술을 익히는 순간, 당신은 자신감으로 충만한 자신을 발견하게 될 것이고, 어떤 상황에서도 이제 더는 대화라는 악마에게 쫓기지 않을 것이다.

꿈꿔라! 영원한 아싸(여기서는 'insider'와 대치되는 말로 'outsider'의 줄임말. 즉 사람들과 어울리는 것을 싫어하며 스스로 겉돈다는 뜻 —편집자)에서 당당한 인싸로 등극하는 나 자신을 꿈꿔라! 사람들 앞에서 당당하고 교양 있게 대처하는 나 자신을 꿈꿔라!

✦ 중요한 이야기를 할 때 모든 사람의 주의를 집중시키는 방법
✦ 지루한 대화에 생동감을 불어넣는 방법
✦ 화제(話題)를 바꾸는 방법
✦ 사교 모임, 파티, 리셉션을 편안하게 즐기는 방법
✦ 비즈니스 파트너를 친구로 만드는 방법
✦ 대화에서 우아하게 빠져나오는 방법

_쓸데없는 말이라고?

진지하고 깊은 대화에 비해 스몰토크는 잡담, 심지어 쓸데없는 말로 취급되지만 사실은 매우 중요한 기능을 한다. 스몰토크 없이는 진지한 대화도 없다고 나는 감히 주장한다. 스몰토크는 더 강력한 관계를 구축하는 기반이 되며, 어색한 분위기를 누그러뜨려 더 친밀한 대화로 이끌어낸다. 스몰토크를 잘하는 사람들은 실제로 상대방의 마음을 편안하게 해주고, 존중받는다는 느낌을 갖게 한다. 누군가와 비즈니스 관계를 넓힐 때, 계약을 체결할 때, 연애를 시작할 때, 친구를 사귈 때 절대적인 도움을 준다.

스몰토크는 누구나 배울 수 있다. 잘 웃고 잘 어울리는 사람들이 날 때부터 그랬다고 생각하지 마라. 물론 타고난 사람도 있지만 대부분은 노력한 결과다. 그들 역시 연습하고, 세미나에 참석하고, 개인 코칭을 받고, 때로는 책을 읽는다. 그럴 리 없다고? 나 역시도 매우 소심하고 내성적이고 사교성이라곤 정말 전혀 없는 얼뜨기 엔지니어였다. 그런 내가 대화 기술을 배우고 연습한 결과 지금은 스몰토크 전문가가 되었다.

대화 기술을 배우는 첫 단계는, 훌륭한 달변가는 타고난다는 믿음을 버리는 것이다. 그것은 사실이 아니다. 모르는 사람과 대화하는 방법은 배워야 아는 것이고, 이야깃거리가 궁해진다고 본능적으로 동물적인 메커니즘이 발현되는 것도 아니다.

"모든 조건이 같다면 사람들은 기꺼이 친구의 물건을 산다. 하지만 모든 조건이 같지 않더라도 사람들은 친구의 물건을 산다."

미국 최초로 스포츠 매니지먼트 회사를 창립한 클리브랜드 출신 변호사 마크 맥코맥의 말이다. 아무리 비즈니스 관계라도 그저 명함만 모으지 말고 친구가 되라는 뜻이다.

20년 전 존 나이스비트는 《메가트렌드》에서, 미래의 첨단 기술 세계에서도 고도의 감성은 여전히 필요할 것이라고 예견했다. 실제로 첨단 기술의 세계에서 사는 우리는 가족들과 얼굴 보기도 힘들고, 동료나 친구들과도 얼굴을 맞대기보다는 팩스, 이메일, 휴대폰, SNS로 소통한다. 출퇴근할 때도 주차장을 통해서 이동하니 이웃과도 마주칠 일이 없다. 엄청난 환경 변화와 새로운 생활방식 속에서 어느새 소통 부재는 우리에게 일상이 되었다.

자기만의 울타리, 자기만의 라이프스타일로 철저히 고립된 채 살아간다. 실제로 시민단체, 종교단체 등 사회단체들의 회원 수도 날로 감소하고 있다. 하지만 미국인들은 2001년 9월 11일 세계무역센터 테러를 겪은 후 많이 달라졌다. 이 사건으로 매우 중대한 경험을 공유했으며, 그들은 서로간에 소통하기를 간절히 바라게 되었다. 예를 들어 테러리즘과 전쟁, 또는 그 밖의 다른 것들에 대해서 이야기를 나누고 싶어 하게 되었다. 9·11 테러 사건이 벌어진 다음 주말, 어느 조종사는 덴버국제공항을 출발하면서 승객들에게 이렇게 말했다.

"여러분, 지금부터 서로 인사하고 서로에 대해 알아두시기 바랍니다."

그 무렵의 미국인들은 진심으로 대화하는 방법을 잊어버린 때였다. 모르는 사람들과 어떻게 대화를 시작해야 할지, 상대의 말에 어떻게 대답해야 할지 잊어버린 것이다. 개인 공간에 대한 지나친 존중과 거절에 대한 두려움이 큰 이유였다. 하지만 전 세계를 충격에 빠뜨린 비극은 서로에게 손 내밀고 싶다는 욕구와 가까이 다가가고 싶은 인간 본연의 갈망을 일으켰다. 미국에서 대화 기술이 갑자기 각광을 받게 된 이유는 바로 이같은 배경이 존재한다.

대화를 잘하려면 지켜야 할 원칙이 2가지 있다.

첫째, 위험을 감수하라.

낯선 사람에게 말을 걸지 말지는 자신에게 달려 있다. 상대가 먼저 다가오기를 기다리지 마라. 거절이 두려운 것은 누구나 마찬가지다. 하지만 말을 걸었다가 거절당하는 것보다 끔찍한 일이 세상에는 얼마든지 많다.

둘째, 대화의 부담을 기꺼이 짊어져라.

대화를 할 때는 누구나 어느 정도의 부담감을 갖게 마련이다. 재미있는 화제를 생각해내는 것, 사람들의 이름을 기억하고 그를 다른 사람에게 소개하는 것, 어색한 분위기를 깨고 중단된 대화를 다시 이어가는 것들이 다 부담스러운 일이다. 이런 일들을 당신이 맡아준다면, 그리하여 당신이 다른 사람을 편안하게 해줄 수 있다

면, 상대도 기꺼이 당신과 친구가 되려고 할 것이며 함께 사업을
도모하려고 할 것이다.

_스몰토크는 친밀감을 형성한다

비즈니스 관계에서 스몰토크는 필수적이다. 딱딱한 비즈니스
관계를 친밀한 인간관계로 발전시키고 싶다면 늘 스몰토크로 시
작해서 스몰토크로 끝내라. 투자자들은 자산관리사를 선택할 때
무의식적으로 안심시켜 주는 능력에 이끌린다. 의사들의 경우에
도 실력이 중요하지만 환자를 다루는 솜씨 또한 중요하다. 미용사
들은 대부분 대화의 달인이다. 손님들이 편안함을 느끼지 못한다
면 절대로 날카로운 가위를 들고 있는 사람에게 머리를 내맡길 리
없다는 걸 그들은 잘 안다.

스몰토크는 간접적이지만 아주 중요한 면에서 기업이나 개인이
돈을 쓰는 방식과도 연관된다. 사람들이 돈을 쓰는 이유는 대체로
다음 2가지다.

첫째, 문제를 해결하거나 욕구를 충족하기 위해서다.

아이를 키우는 부부들은 베이비시터를 고용해 저녁에 외출한
다. 어떤 이는 정원 관리 회사에 돈을 지불하고 잔디 깎을 시간에
휴식을 즐긴다.

둘째, 즐겁고 긍정적인 느낌을 얻기 위해서다.

수잔은 근처에 있는 다른 은행에서 수수료 면제 혜택을 제공하는데도 굳이 단골 은행으로 간다. 왜냐고? 그 은행 직원들이 좋으니까. 내 친구 빈스는 도시 반대편으로 이사 간 뒤에도 강아지를 진료할 때면 굳이 차를 몰고 전에 살던 곳에 있는 동물병원으로 간다. 다른 병원을 찾는 것은 생각해본 적도 없다고 했다. 왜냐고? 그 수의사랑 친하니까.

대화를 잘하는 사람들의 특징은 상대에게 좋은 느낌을 준다. 또한 구매자가 돈을 쓸 때는 친밀한 관계에 따라 구매처를 결정한다. 그래서 스몰토크는 중요하다. 스몰토크는 공감과 친밀감을 형성하는 데 필수적이기 때문이다.

교사들은 상담 전에 유대감을 형성하기 위해 그 부모들을 미리 만난다. 모기지 브로커들은 건축회사나 공인중개사, 판촉 관련자들과 자주 만나 많은 대화를 나눈다. 그들과의 연대를 강화하고 업무상 도움을 얻기 위해서다. 그들은 잠시 유쾌한 몇 마디로 잠정 고객들에게 경쟁자보다 더 강한 인상을 남길 것이다.

세상은 각박하고 변덕스럽고 엄청 빠르게 돌아간다. TV에는 좋은 뉴스보다 나쁜 뉴스가 넘쳐난다. 그래서인지 사람들은 자기를 알아주고 존중해주는 사람과 대화하고 싶어 한다. 친구들 사이에서만 그런 게 아니다. 물건이나 서비스를 살 때도 사람들은 따뜻하고 친절하고 편안한 이들을 찾는다. 즉 납품업체를 선택하는 회사 중역부터 마트에서 장을 보는 주부까지 친밀감은 구매에 결정적인 영향을 미친다.

_스몰토크는 결코 작지 않다

유능한 경영자들은 회의를 시작하기 전에 스몰토크로 분위기를 띄운다. 일상적인 대화로 딱딱한 분위기를 부드럽게 풀어주면 사람들의 마음이 편안하게 열리기 때문이다. 그러면 회의 내내 보다 의미 있는 대화를 나눌 수 있고, 곤란한 문제를 심도 있게 논의할 수 있으며, 더 나아가 팀의 결집력과 성공 가능성도 높아진다.

대화 기술은 자녀들과의 관계 개선에도 큰 도움이 된다. 부모들이 가장 많이 하는 질문은 아이와의 대화를 어떻게 단절시키는지 알 수 있다.

"오늘 학교에서 어땠어?"

"별일 없었어요."

이런 식의 질문은 단답형 대답만 이끌어낸다. 생각해보자. 아이들이 학교에 가서 무엇을 배우는지, 누구랑 친하게 지내는지, 쉬는 시간에는 어떤 일이 일어날지, 오늘 점심 메뉴는 뭐가 나왔을지, 선생님들과의 관계는 어떨지, 어떤 것이 아이의 관심을 끌었을지 등. 조금만 더 고민하면 다양하고 구체적인 질문을 생각해낼 수 있다.

스몰토크는 결코 하찮지 않다. 이는 개인적 친분이나 업무 관계에서 사람들을 이어주는 끈이다. 즉 대화 기술을 익히려면 스몰토크의 중요성을 이해해야 한다. 어떤 것의 가치와 중요성을 알면 기술을 터득하려고 노력하지 않던가. 스몰토크를 그저 언변 좋은 중고차 영업사원이 되기 위한 기술 정도로 생각해서는 안 된다. 스몰토크는 도미노의 첫 번째 조각과 같다. 실제로 우리의 일상에서 일어나는 모든 것들이 스몰토크에서 비롯된 연쇄반응과 관련이 있다.

이 책에는 스몰토크를 잘할 수 있는 수많은 방법과 조언들이 들어 있다. 물론 인맥 쌓기 용 파티나 칵테일 파티를 무조건 좋아해야 하는 건 아니다. 그럴 수도 없고 그럴 필요도 없다. 단지 피할 수 없는 행사나 파티라면 인싸로 마음껏 즐겨보자는 것이다. 아는 사람도 별로 없는 행사에 가지 않고 집에서 혼자 편하게 지낼 수 있다면 얼마나 좋을까? 하지만 나이가 들수록 참석해야 할 행사가 점점 많아진다. 대화 기술을 익히면 견디기 힘든 그런 행사가 오히려 기회가 될 수 있다.

이 책을 다 읽고 나면 당신은 어떤 행사에서든 인싸가 될 수 있다. 대화 기술은 자신감을 높여주고 모르는 사람에 대한 불안감을 줄여준다. 사람들은 편안하고 기분 좋은 사람 곁으로 모여들기 마련이므로 친구가 많아지고, 리더십도 자연스럽게 강화된다. 무엇보다 예전과는 달리 당신은 이제 대화 자체를 즐기게 될 것이다!

편견을 버려라

우리에게 대화 기술이 부족한 것은 어찌 보면 당연하다. 성인이 되어서도 유아기의 기억이 잠재의식 속에 깊이 자리 잡아 우리의 인생 전반에 영향을 끼치기 때문이다. 낯선 사람에게 먼저 말 걸기 힘든 이유도 거기에서 비롯된다. 우리가 어린아이였을 때 부모님들은 늘 이렇게 가르쳤다.

✦ 기다리는 자에게 복이 있다.
✦ 침묵은 금이다.
✦ 소개를 받을 때까지 기다려라.
✦ 모르는 사람에게 절대 말을 걸지 말아라.

물론 어릴 때는 안전을 보장하고 예절을 가르치는 필수 지침이었다. 하지만 어른이 된 지금은 다르다. 새로운 사람과의 만남이 우리에겐 큰 위협이 되는 것은 아니다. 게다가 이제 교양을 갖춘 성인인 만큼 낡은 교훈을 대체할 새로운 조언이 필요하다.

_먼저 말을 걸어라

친구든 동료든 인맥을 쌓고 넓히려면 사람들을 대화에 끌어들일 줄 알아야 한다. 다른 방법은 없다. 지금 처음 만난 그 사람이 앞으로 친한 친구나 고객, 소중한 지인이 될지도 모른다. 또는 당신에게 새로운 경험과 새로운 사람들을 향한 통로가 될 수도 있다. 낯선 사람은 결코 두려움의 대상이 아니다. 그들이 앞으로 당신 삶에 새로운 세계를 열어줄 사람으로 생각하라.

_나를 소개하라

마지막으로 누군가 당신을 다른 사람에게 소개해준 적이 언제였는가? 사실 파티나 모임에 갔을 때 아주 중요한 손님이라면 모를까, 모임 주최자가 당신을 제대로 소개해줄 만한 시간적 여유가 거의 없다. 당신이 참석했던 행사 대부분이 그랬을 것이다.

이를테면 중요한 고객의 개업 축하 파티에 간다고 하자. 주최자는 당신을 반갑게 맞이하고 잠시 이야기를 나누면서 음식이 있는 곳으로 안내할 것이다. 그리고 이내 다른 손님을 맞이하기 위해 자리를 뜰 것이다. 아는 사람 하나 없는 커다란 홀에서 새우 칵테일 옆에 덩그마니 남겨진 당신, 이제 어떻게 하면 좋을까? 주최자가 돌아와서 다른 손님들을 소개해주기만 기다린다면, 그날 당신은 고작 새우와의 만남으로 만족해야 할 것이다.

명심하자. 시대가 바뀌었다. 스스로 알아서 어울려야 한다. 당신이 먼저 다가가서 자기를 소개하고 어울리려고 노력해야 한다.

"삼진 아웃 될까 봐 걱정하지 마라. 스트라이크를 당할 때마다 홈런에 가까워진다고 생각하라."라고 한 베이브 루스의 말을 명심하라. 지금 당신의 가장 친한 친구도 전에는 낯선 사람이었다. 모험을 기꺼이 감당하라. 처음 보는 사람에게 걸어가서 자신을 소개하라. 손을 내밀고 눈을 맞추고 웃으면서.

"안녕하세요, 저는 데브라 파인이에요. 만나서 반갑습니다."

우리는 수많은 이런저런 모임에 가입하고 떠나기를 반복한다. 친구를 사귀지 못했기 때문이다. 그럴 때마다 다른 사람들이 나를 끼워주지 않았다고 생각한다. 낯선 만남을 어색해하는 사람들은 대부분 다음 시에 공감할 것이다.

새로운 멤버의 생각

_작자 미상

모임에서 만난 당신,

인사를 안 하네요.

볼 때마다 늘 바쁜 당신,

아는 사람들하고만 어울리네요.

회원들 사이에 앉아 있지만

난 그저 외로운 소녀일 뿐,

새로 온 사람들은 나처럼 어색하고

오래된 분들은 우릴 그냥 지나쳐요.

우리에게 함께하자면서

당신은 동지애를 말하셨죠.

그냥 이쪽으로 오시면 되는데

그 여정이 그리 힘드신가요?

고개를 끄덕이거나 웃어주면…

아니면 잠깐 와서 악수라도…

그러고 나서 친구에게 가세요.

그러면 이해할 수 있어요.

다음에도 모임에 난 나올 거예요.

그때는 당신도 나에게 자신을 소개하길,

당신의 친구가 되기 위해

난 여기 왔습니다.

다음에 리셉션이나 커피 타임, 파티나 결혼식에 참석하게 된다면 먼저 주위를 둘러보라. 예전의 당신처럼 혼자 어색하게 앉아 있는 사람을 찾아 인사를 나누고 그를 대화에 끌어들여라. 그 사람도 아마 예전의 당신처럼 소외된 기분을 느끼고 있을 테니까.

_침묵은 금이 아니다

'침묵이 금'이라는 격언 따위는 잊어라. 나와 대학동문이자 어느 모로 보나 경력과 업무능력이 비슷했던 동료와 함께 엔지니어로 일할 때 나는 침묵의 단점을 절실히 깨달았다. 그녀는 외향적이고 대화를 좋아하는 사람이었다. 마케팅팀과 인사팀, 품질관리팀 직원 모두가 그녀의 이름을 알고 있었고, 본사 대표조차 그녀를 알았다. 우리의 직속 상사는 업무를 의논할 때 주로 그녀와 이야기했다. 승진 시기가 되자, 그녀는 승진했고 나는 그러지 못했다. 입 다물고 있는 사람은 눈에 띄지 않는 법이다.

침묵에 관한 값비싼 교훈을 얻은 사건이 또 있었다.

포춘 100대 기업에 드는 대기업의 지역 담당자였던 내 친구 조니는 한동안 자기 회사에서 주최하는 모든 행사에 나를 데리고 다닌 적이 있었다. 그때마다 그녀의 상사인 수석 부사장 밥과 마주쳤는데, 그는 정말 행사장에 모여 있는 모든 이들과 스스럼없이 잘 어울리는 사람이었다. 늘 사람들에게 둘러싸여 있는 그의 고상하고 세련되고 기품 있는 태도에 나는 감탄했고 존경심을 느꼈다. 하지만 당당하고 자신감 넘치는 태도에 압도된 나는 그에게 말 한마디 건네지 못했다. 심지어 그가 먼저 다가와 말을 걸었을 때조차 너무 긴장해서 변변히 이야기를 나누지 못했다.

얼마 후에 나는 엔지니어링 회사에 들어갔다. 나는 우리 회사의 서비스를 홍보하려고 용기를 내어 밥에게 전화했다. 내가 인사를 마치기도 전에 밥이 내 말을 끊으며 말했다.

"당신이 내게 전화를 하다니 믿을 수가 없군요. 파티에서 만날 때마다 날 그렇게 무시하더니? 내 평생 당신처럼 건방진 사람은 본 적이 없어요. 당신이 파는 건 아무것도 살 생각이 없어요."

내가 얼마나 놀랐을지는 설명할 필요도 없다. 이제까지 나는 건방지다고 오해받은 적은 한번도 없었다. 소심한 것과 건방진 것은 하늘과 땅 만큼이나 다른 줄 알았는데, 얼핏 비슷해 보일 수도 있다는 것을 그때 처음 알았다. 입 다물고 있는 것만으로도 오만해 보일 수 있다는 것을 기억하자. 낯선 사람들 속에서 먼저 말을 건네는 고마운 사람들을 생각해보자. 당신도 그들처럼 가벼운 스몰토크를 시도함으로써 다른 사람을 구해줄 수 있다. 침묵은 절대로 금이 아니다.

_찾아라, 얻을 것이다

마냥 기다리는 것은 시간 낭비다. 대화는 무조건 먼저 시작해야 한다. 기다리다 보면 언젠가 입담 좋은 사람이 먼저 내게 다가오리라는 생각은 단 1분도 하지 마라. 그런 일은 절대로 일어나지 않을 것이다.

낯선 곳에 가면 우리는 습관적으로 아는 얼굴을 찾아 두리번거린다. 직장동료나 고객은 물론이고, 심지어 경쟁자조차 낯선 곳에서 만나면 반갑다. 그들이 나와 같은 행사에 참석하고, 같은 주제에 대해 이야기를 하며, 같은 노력을 하고 있다는 이유만으로 안도감이 들기 때문이다. 하지만 고작 아는 사람이나 만나려고 40달러씩이나 지불하고 그 행사에 참석한 건 분명히 아니었을 텐데 말이다. 새로운 관계를 만드는 게 목적이지 않은가.

모임에 참석한 사람들끼리 어울리지 않으면 안 되는 장소가 하나 있는데, 바로 짝을 찾는 모임이다. 하지만 그런 이벤트성 모임에 나오는 사람들은 대개 잘 어울리지 못한다. 예전의 나를 포함해 사람들은 대부분 불안하게 서성이며 서로를 훑어보고, 친구를 찾아다니며 시간을 보낸다. 그러다가 친구를 발견하면 그때부터 저녁 내내 어울려 다닌다. 이상하지 않은가? 함께 있고 싶다면 왜 그냥 데이트를 하지 이런 모임에 나왔을까? 그들은 이야기를 나눈다. 정말이지, 이야기만 나눈다. 그게 쉽고 편하고 안전하기 때문이다. 하지만 그런 식으로는 절대로 새로운 사람을 만날 수도, 사랑에 빠질 수도 없다.

행동하는 사람이 원하는 것을 얻는 법이다. 미국의 영화배우이자 평론가이며 포크송의 전설인 윌 로저스는 이런 말을 했다.

"모험을 떠나라. 거기에 모든 달콤한 과일이 있다."

안전한 나무둥지를 벗어나는 것은 분명히 두려운 일이지만, 그 안에서는 달콤한 과일을 결코 딸 수 없다.

_대화의 짐을 기꺼이 짊어져라

사람들이 가장 두려워할 때는 많은 사람들이 앞에 앉아 있는 공식석상에서 말하는 것이다. 그리고 다음으로 두려워하는 건 모르는 사람에게 말을 거는 것이다. 그러니 식당이나 칵테일 파티장에 들어설 때, 사실은 거기 있는 모두가 당신처럼 낯선 사람에게 말 거는 것을 끔찍하게 두려워한다는 사실을 기억하라.

모두 거절당할까 봐 두려워 움츠리고 있지만 실제로 거절당할 가능성은 거의 없다. 그런 시도가 거절당할 만한 행사도 별로 없거니와, 설사 그렇더라도 당신이 그 사람을 다시 만날 가능성은 거의 없다. 이럴 때 당신이 먼저 대화를 시작하면 영웅이 된다. 대화를 이어갈수록 당신은 존경과 공감을 얻게 될 것이고 친구를 얻게 될 것이며, 사람들 모두 당신의 노력에 부응할 것이고 당신의 리더십과 우정에 감사할 것이다.

만일 다른 사람이 먼저 대화를 시작해주기를 기다리는 편이라면 당신은 이기적인 사람이다. 먼저 대화를 시작해야 한다는 부담감을 다른 사람에게 떠넘기고 있기 때문이다. 대화를 시작하는 것뿐만 아니라 대화 도중에도 당신은 자기 몫의 짐을 마땅히 감당해야 한다. 물론 혼자 떠드는 것은 대화가 아니다. 그리고 상대의 질문에 단답형으로 대답하는 것도 자기 몫을 다하는 것으로 볼 수 없다.

대화를 잘하려면 무엇보다 대화에 집중하고 상대가 편하게 느낄 수 있도록 적극적으로 행동해야 한다.

다음 페이지에 어색한 분위기를 누그러뜨리는 질문들을 소개할 것이다. 천천히 읽어보고 그 중 적어도 4가지는 매일 사용해보자. 긴장해서 머리가 하얘질 때를 대비해서 처음에는 적어서 들고 다니며 필요할 때마다 꺼내보는 것도 좋다.

예전에는 어색한 분위기를 누그러뜨리기 위해 가장 많이 하는 질문이 "직업이 뭐예요?"라고 묻는 것이었다. 사실 이건 너무 상투적이고 고리타분하다. 우리는 좀 더 참신한 질문을 준비하자. 단, 너무 시시콜콜한 것까지 묻지 않도록 주의해야 한다. 그리고 질문한 다음 대답할 준비를 하라. 사람들은 대개 자신이 받은 질문을 되돌려서 하는 경향이 있으니까.

어색한 분위기를 누그러뜨리는 질문
- 업무 관련 모임

1. 하루 일과는 어때요?
2. 어떻게 그런 아이디어를 떠올렸어요?
3. 어쩌다 여기서 일하게 되었어요?
4. 이 일에 흥미를 가지게 된 동기가 뭐예요?
5. 무슨 일을 할 때 가장 즐거워요?
6. 당신 회사는 경쟁사와 차별화되는 점이 뭐예요?
7. 요즘 회사 일이 바쁜가요?
8. 업무 중 가장 힘든 일은 뭐예요?
9. 이 분야에서 요즘 트렌드는 어떤 것 같아요?
10. 가장 효과적인 홍보 방법은 뭘까요?
11. 지금까지 살면서 가장 인상 깊었던 일이 뭐예요?
12. 이런 일을 시작하는 사람에게 조언을 해준다면요?
13. 다른 일을 선택할 수 있다면 어떤 일을 하고 싶어요?
14. 직장에 다니면서 달라진 게 있나요?
15. 회사에서 겪은 가장 황당한 일은 뭐죠?
16. 이제까지 했던 일 중 최고라고 생각하는 것은요?
17. 블로그나 SNS를 업무에 활용하나요?
18. 요즘 그 회사는 경기가 어때요?
19. 이번에 맡게 된 프로젝트를 도와줄 만한 사람이 있을까요?
20. 이번 선거가 판매에 영향을 미쳤나요?

어색한 분위기를 누그러뜨리는 질문
– 일반적인 모임

1. 요즘 재미있는 영화가 뭐예요?
2. 올 여름 휴가는 어땠어요?
3. 비 오는 날에는 뭘 하며 지내요?
4. 인생을 되돌릴 수 있다면 언제로 돌아가고 싶어요?
5. 요즘 가장 갖고 싶은 물건이 있다면?
6. 요즘 만나는 친구들 얘기 좀 해줄래요?
7. 어렸을 때 살던 동네는 어땠어요?
8. 다음 생에는 무엇으로 태어나고 싶어요?
9. 아이들 얘기 좀 해줄래요?
10. 인생에서 가장 좋은 나이는 몇 살일까요?
11. 보통 하루를 어떻게 보내요?
12. 지금 사는 곳은 어디에요?
13. 어떤 계절을 좋아해요?
14. 블로그나 홈페이지 있어요? 주소 좀 알려줄래요?
15. 차 마시는 거 좋아해요?
16. SNS를 자주 하는 편인가요?
17. 존경하는 사람이 누구인가요?
18. 기억에 남는 선생님이 있어요?
19. 특별히 좋아하는 영화나 책이 있어요?
20. 어떤 음식을 좋아해요?

21. 이름이 무슨 뜻이에요?

22. 가본 곳 중에서 가장 좋은 데는 어디인가요?

23. 지금까지 받은 선물 중에서 최고의 선물은 뭐예요?

24. 다른 사람에게 준 선물 중 가장 기억에 남는 게 있다면요?

25. 스키 타는 거 좋아해요?

26. 만약 당신 인생을 영화로 만든다면 주인공은 누가 좋을까요?

27. 지금까지 만난 사람 중 가장 유명한 사람은 누구예요?

28. 새해에는 뭘 이루고 싶어요?

29. 다음 파티에는 뭐 입을 거예요?

30. 가족 얘기 좀 해줄래요?

31. 특별히 좋아하는 노래가 있나요?

32. 기억에 남는 음식이 있나요?

33. 혼자 있을 때는 주로 뭘 하면서 지내요?

34. 온라인 게임을 좋아해요?

35. 지금 1억원이 생긴다면 뭘 하고 싶어요?

36. 반려동물을 키우나요?

37. 여행하는 거 좋아해요?

38. 피아노는 언제부터 시작했어요?

39. 요즘 미세먼지가 너무 심하죠?

40. 요즘 최고의 관심사는 뭐예요?

Chapter
3

스몰토크의
3대 기본원칙

이제 당신은 어색한 분위기를 누그러뜨리는 질문을 주머니에 가득 채웠다. 이것들을 잘만 활용하면 당신은 화제가 풍부한 사람이 될 수 있다. 이야깃거리가 많다는 것만으로도 당신의 대화 기술은 이미 크게 발전한 셈이다. 하지만 아직도 당신은 낯선 사람 앞에서 심장이 쿵쾅거린다. 그래서 저녁 모임에 가면 동료가 먼저 오기를 기다리며 괜히 바쁜 척한다. 제발 그러지 마라. 그렇게 스트레스를 받으면 안 된다.

덴버 사의 매트 맥그로 정보서비스 부 과장은 스몰토크로 긴장된 분위기를 풀었던 과거의 경험을 이렇게 이야기했다.

"아마 열아홉이나 스무 살쯤이었을 거예요. 오리건 대학에 다닐 때였는데, 동네 병원에서 두어 해 동안 파트타임으로 수술 준비원

일을 한 적이 있어요. 남자 환자들이 수술을 받기 전에 면도를 포함한 여러 가지 준비를 돕는 일이었죠. 짐작하시겠지만 이 일은 나에게도 환자에게도 무척 괴로운 일이었어요.

나는 새벽 4시 반부터 일정을 시작했기 때문에 보통 이른 시간에 첫 환자를 받았죠. 환자 한 사람을 준비시키는 데 보통 1시간 정도 걸렸어요. 면도라는 게 워낙 어려운 데다 환자들 상황도 불편했어요. 그들은 계속 고통에 시달리는 데다 배까지 고팠으니까요. 게다가 다른 사람이 면도를 해준다는 것을 섬뜩해 했죠. 수술을 앞둔 대부분의 환자들은 엄청난 두려움에 떨고 있었어요. 특히 심장절개 수술 환자는 턱부터 발목까지 털을 완전히 밀어야 했는데, 그건 정말 고달픈 일이었죠.

그래서 나는 환자들과 잡담을 나누기 시작했어요. 잡담이라도 하다 보면 환자들은 잠시나마 수술의 공포에서 벗어날 수 있고 시간도 빨리 지나간다는 걸 깨달았거든요. 건강이나 죽음, 정치나 스포츠 이야기는 절대로 하지 않았어요. 다만 그들이 어디 사는지, 그곳은 어떤 곳인지, 누구와 같이 사는지, 출신은 어디인지 등등 그냥 일상적인 이야기만 했어요.

나는 스몰토크가 중요하다는 말에 전적으로 동의해요. 한 사람을 아는 데는 스몰토크만으로도 충분하니까요. 아마 그 환자들은 입원해 있는 동안 의사나 간호사보다도 나와 더 많은 이야기를 나누었을 거예요. 지금 생각해보면 참 재미있는 일이었어요."

당신도 먼저 대화를 시작할 수 있다. 당신이 생각하는 것만큼 어렵지 않다. 가장 좋은 건 대화 상대를 당신이 선택할 수 있다는 것이다. 내가 누군가를 선택할 수 있다니 얼마나 멋진 일인가? 당신도 조만간 그걸 즐기게 될 것이다.

원칙은 간단하다. 누군가 당신에게 미소를 지으면 당신도 따라서 미소를 짓는 것처럼, 당신이 먼저 미소를 짓는 사람이 되면 된다. 그저 웃는 얼굴로 몇 마디만 건네면 된다. 다만 그때는 반드시 눈을 맞춰야 한다는 것을 잊지 마라. 이 간단한 행동만으로 이미 친밀한 관계가 시작된다. 당신이 먼저 몇 초나마 다른 사람에게 관심을 표했기 때문이다. 하지만 이마저도 너무 부끄러워 이불을 뒤집어쓰고 싶어진다면 일단은 그냥 미소만 짓는 연습으로 시작하자.

이를테면 마트에서 장을 보며 지나치는 사람에게 미소를 건네보자. 처음 목표는 10명이다. 누군가와 눈이 마주칠 때마다 미소를 지어라. 처음에는 어색하겠지만 자연스럽게 느껴질 때까지 계속 연습하라. 나중에는 미소 끝에 "안녕하세요?"라는 말이 저절로 붙어나올 것이다.

내 친구 바브는 좋은 직장을 박차고나와 시의원에 출마했다. 그녀는 스몰토크의 달인이었는데, 선거운동을 하는 동안 아주 중요한 사실 하나를 발견했다. 공개 토론회를 할 때 다른 후보들은 도착하자마자 회의실 연단에서 가까운 자리를 찾아 앉기 바빴다. 그리고는 준비한 메모를 보며 예상된 질문에 대한 답변을 준비했다.

하지만 내 친구 바브는 달랐다. 그녀는 청중석에 앉아 있는 사람들과 일일이 인사하면서 많은 사람과 친해지려고 노력했다. 그리고 그들에게서 편안한 관심을 끌어내는 가장 좋은 방법은 눈을 바라보며 "당신 이름이 뭐예요?"라고 물어주는 일이라는 사실을 알아차렸다. 또한 눈을 맞춘 상태로 '이름'보다는 '당신'이라는 단어를 강조해 상대의 중요성을 일깨워주는 신호를 보낼 수 있음도 알았다. 실제로 그녀는 새로운 사람들을 만날 때마다 이 방법을 사용했고, 한번도 인간관계를 맺는 데 실패한 적이 없었다.

_기본원칙 1: 이름을 기억하라

좋다. 이제부터는 인사만 하고 지나치는 대신 멈춰 서서 본격적으로 말을 걸어보자. 이때 상대의 이름을 반드시 기억하자. 상대의 이름을 알고 부르는 것은 훌륭한 대화를 위한 기본자세다. 따라서 상대가 자기 이름을 말할 때는 집중해서 잘 듣고 인사를 건넬 때 이런 식으로 상대의 이름을 바로 사용해야 한다.

"데브라, 만나서 반가워요."

대화하는 동안에도 상대의 이름을 반복해서 사용해라. 무슨 얘기를 할까 내지는 상대 질문에 뭐라고 대답을 할까를 생각하지 말고 오롯이 상대의 이름에 집중해 그 이름을 반복해서 불러라. 그러다 보면 대답은 저절로 나오게 된다.

상대가 이름을 말해줬는데 잘 듣지 못했다면 그냥 넘어가지 말고 반드시 다시 물어보자. 즉 이름을 알아들은 척하고 대화를 이어나가는 것보다 사실을 말하는 게 낫다. 영화관에서 줄을 서서 기다리다가 아는 사람을 만났는데 이름이 기억나지 않을 때도 마찬가지다. 기억날 때까지 기다리지 말고, "죄송합니다. 성함을 잊어버렸는데 다시 말씀해주시겠어요?"라고 물어보는 게 낫다. 이편이 진짜 위기를 모면하는 방법이므로. 누구든 속는 것보다 솔직한 것을 좋아한다.

사실 이름을 잊었다고 사람을 피하거나 걱정할 필요는 없다. 이름이 생각 안 난다고 솔직히 말하고 다시 물어보면 그만이다. 북적대는 방 저편에 있거나, 마트에서 당신을 못 보고 지나치더라도 먼저 다가가 인사하라. 이름을 잊어버렸다고 피한다면 무례하다는 비난까지 추가하게 된다는 걸 기억하라.

이국적이거나 독특하거나 어려워서 도무지 알아듣기 어려운 이름을 가진 사람을 만나거든 몇 번을 다시 묻는 한이 있더라도 정확히 알아두는 게 중요하다. 상대의 이름을 정확히 알아두려는 당신의 태도는 그것이 곧 진지한 관심의 표현이 되고, 상대도 역시 감동을 느끼게 된다. 반대로, 이름이 어렵다는 이유로 대충 알아듣고 대충 부른다면, 그것은 그런 이름 따위는 알아둘 가치도 없다는 메시지를 상대에게 보내는 꼴이 된다.

이름을 기억하는 것은 노력한 만큼의 효과를 가져온다. 실제로 상대의 이름을 알면 대화를 이끌 수 있다. 새로운 사람이 끼어들 때 당신이 서로를 소개해줄 수 있기 때문이다. 즉 대화의 주인공이란 항상 사람들의 이름을 알고 불러주는 사람을 뜻한다.

언젠가 8명이 만나는 모임에 참석했을 때의 일이다. 내가 도착했을 때는 3명이 먼저 와 있었다. 나는 그들에게 내 소개를 하고 그들의 이름을 알아두었다. 이내 하나둘씩 나머지 5명이 모두 왔다. 나는 그들에게 먼저 내 소개를 한 다음 먼저 와 있던 3명을 소개해주었다.

"이분은 선 마이크로시스템 사의 린다예요. 이분은 소니 사의 존이고, 이분은 미국 안전엔지니어협회의 샘입니다."

이렇게 대화를 주도하는 사람이 있으면 사람들은 안심한다. 금세 따뜻하고 편안한 분위기가 조성되어 사람들은 적극적으로 대화에 참여하게 된다. 자연스럽게 당신이 그 활기찬 모임의 리더가 되는 것이다.

_기본원칙 2: 이름을 변형하지 마라

동료가 자신을 '마이클'이라고 소개했다면 마이클이라고 불러라. 절대로 '마이크'라고 줄여 부르지 마라. 만약 '마이크'라고 불러주길 바랐다면 애초에 그렇게 소개했을 것이다. 부르기 어려운 이름이라도 절대로 그의 허락 없이 줄여 부르거나 별명으로 바꿔 부르지 마라.

나는 누가 마음대로 내 이름 데브라를 '데비'라고 줄여 부른다면 정말 싫다. 나만 그런 게 아니다. 줄리아도 그랬다.

"데브라, 전부터 당신한테 말하고 싶었던 건데, 사실은 나도 원래 이름이 데브라였어요. 전에 다니던 회사에서는 대변인 일을 했었는데, 어느 날 공식 브리핑을 하고 난 뒤였어요. 질문을 받는 동안 누가 자꾸 나를 데비라고 부르는 거예요. 그때 얼마나 거슬리던지 이름을 아예 줄리아로 바꿔버렸어요."

다른 사람의 이름을 제대로 정확하게 불러라! 친근감을 표시한답시고 애칭으로 줄여부르지 마라. 친근감은커녕 비호감으로 찍히는 지름길이다. 예를 들어, 고객에게 전화를 했는데 비서가 받았다고 해보자.

"캐더린 윈터스 사무실의 수잔입니다."

"안녕하세요, 수잔. 저는 데브라 파인입니다. 캐더린과 통화할 수 있을까요?"

여기서 세 사람의 이름을 정확하게 불렀다는 사실에 주목하기 바란다. 수잔은 내가 고객을 만나기 위해 지나야 하는 문이라는 점에서 무척 중요한 사람이다. 그녀의 이름을 '수'라고 멋대로 줄여 불러서 그녀를 거슬리게 하지 말자. 그녀의 이름을 아예 부르지 않는 것도 좋지 않다. 누군가의 이름을 부른다는 것은 당신이 그에게 관심을 보여주는 일이며, 실제로 상대에게 특별하다는 느낌을 준다.

_기본원칙 3: 내 이름을 알려줘라

다른 사람에게 당신의 이름을 알려주는 일 또한 중요하다. 전에 만난 적이 있거나 오랜만에 만났거나 드문드문 만나는 사이라도 그가 당신의 이름을 알 거라고 기대하지 말고 이름을 말해줘라. 그냥 당연한 친절쯤으로 생각하면 된다.

"안녕, 패트릭. 데브라 파인이에요. 그동안 어떻게 지내셨어요?"

이처럼 내 이름을 미리 말해주면 패트릭이 내 이름을 잊고 있었더라도 곤란한 상황에 빠지지 않을 것이다. 내 이름을 기억해내려고 애쓰지 않아도 되니까 곧바로 대화에 집중할 수 있다.

두 번째로 만난 내 지금 남편은 치과의사다. 대체로 치과의사들은 매력적이거나 사교적인 성격과는 거리가 멀다. 그와 함께 외출하면 환자들이 종종 그를 알아보고 말을 거는 경우가 있다. 그럴 때마다 내 남편은 그들의 이름을 기억하지 못해서 쩔쩔맨다. 이름을 모르니 나에게 그 사람을 소개해줄 수도 없고 당연히 나를 대화에 끼워줄 수도 없다.

자주 만나지 않는 사람이 당신의 이름을 기억할 것이라고 기대하지 마라. 우연히 만났을 때는 더욱 그렇다. 지난 일요일에 당신을 태우고 집을 보러다녔던 공인중개사를 우연히 다른 장소에서 만났다면 당신은 그 사람을 기억해도 그 사람은 당신을 기억하지 못할 가능성이 높다. 그때 먼저 다가가 인사하고 당신의 이름을 말해라.

Chapter

4

끼끼빠빠는
타이밍이다

*낄끼빠빠 : '낄 때 끼고 빠질 때 빠져라'를 줄여 이르는 말로, 모임이나 대화 따위에
눈치껏 끼어들거나 빠지라는 뜻으로 하는 말. _출처: 네이버사전

대화를 먼저 시작하는 것은 집에 손님을 초대하는 것과 같다. 손님을 초대했을 때 우리는 손님을 최대한 편안하게 해주려고 노력한다. 대화를 할 때도 그렇게 상대를 배려해야 한다. 파티나 모임에 가게 되었다면, 일단 접근하기 쉬운 사람부터 찾아라. 여럿이 대화하는 자리에 끼어드는 것보다 1명과 대화를 시작하는 편이 훨씬 쉽다.

접근하기 쉬운 사람이 누구냐고? 지금 당신과 눈을 맞추는 사람, 지금 대화에 적극적으로 참여하지 않는 사람, 신문을 보거나 컴퓨터를 하는 등 다른 짓을 하고 있는 사람 등이다. 혼자 뭔가를 먹고 있는 사람, 테이블에 혼자 앉아 있는 사람, 혼자 휴대폰을 들여다보고 있는 사람, 파트너 없이 혼자 방을 가로질러 가는 사람도 마찬가지다.

이들은 누군가 말을 걸어주는 사람을 만나면 긴장을 풀게 된다. 나는 지금껏 이런 사람들을 수없이 만났다. 그들은 대부분 똑똑하고 재미있고 우호적이면서도 한편으로는 소심한 면을 가지고 있다. 대화 기술을 배우겠다는 결심을 하기 전의 당신과 같은 처지이며, 그들도 누군가 먼저 말을 걸어 자기를 구원해주기를 기다리고 있다.

미팅이든, 리셉션이든, 파티든, 가족 모임이든, 처음 들어설 때는 반드시 주위를 둘러보라. 어느 행사에나 항상 혼자 서 있거나 빈 테이블에 앉아 있는 사람이 있게 마련이다. 그럴 때 기다리지 말고 먼저 눈을 맞추고 미소를 지어라. 미소가 돌아오는 순간 당신은 상대에게 이미 훌륭한 대화의 주인이 된 것이다. 그는 기꺼이 당신의 이야기에 귀를 기울일 것이다.

이때 어색한 분위기를 누그러뜨리는 질문과 대화를 지속시키는 질문들을 함께 사용하는 것도 좋다. 물론 상황에 어울리는 질문을 해야 한다. 질문을 위한 질문, 대화와 상관없는 뜬금없는 질문들은 눈을 가리고 무대에 올라가서 공을 던지는 것과 같다.

예를 들면 "날씨 참 좋죠?" "멋진 …였어요!" 등의 열정적인 감탄문은 간접적으로 대화를 유도하는 좋은 방법이다.

다음은 대화를 시작하기에 좋은 문장들이다. 기회가 될 때마다 꼭 활용해보기 바란다.

대화를 시작하기 좋은 문장

+ 날씨가 참 좋아요. 어떤 계절을 좋아하세요?

+ 그 영화 보셨어요? 전 그 영화 보고 정말 감동받았어요.

+ 어떤 세미나에 참석하셨어요?

+ 지난주에 참석하지 못했는데, 뭘 했어요?

+ 오후 프로그램이 전 참 재미있던데 어떠셨어요?

+ 사업을 새로 시작했는데 별로예요. 무슨 해결책이 없을까요?

+ 새로 선출된 시장에게 기대가 커요. 전 시장보다 훨씬 잘하겠죠?

+ 잔디가 늘 싱싱해요. 비결이 뭐예요?

+ 같이 일한 지 벌써 몇 달이 지났는데 아직 모르는 게 많아요. 요즘 관심

  사가 뭐예요?

+ 패션 감각이 남다르신 것 같아요. 옷을 주로 어디서 사세요?

+ 집이 참 아름다워요. 이런 특이한 인테리어 소품들은 어디서 구매하시

  는 거예요?

+ 뉴스를 보니까 공무원들이 또 야유성 해외출장을 갔다고 하더라고요.

  그 일에 대해 어떻게 생각하세요?

_대화 시작의 4단계

대화를 먼저 시작하는 일이 생각보다 어렵게 느껴지는 이유는 익숙하지 않기 때문이다. 아직 확신이 서지 않는다면 국영 TV 뉴스쇼에서 진행한 실험을 보자.

제작팀은 한 남자에게 몰래 마이크를 장착시켜 파티에 보냈다. 그의 임무는 가능한 많은 여자들에게 엉뚱하고 뜬금없는 질문으로 말을 걸어 대화를 끌어내는 것이었다.

"안녕하세요, 당신의 별자리는 무엇인가요?"

최첨단 과학시대에 1970년대식 구닥다리 작업 멘트로 접근하면 얼마나 웃기는 일이 벌어질까? 그런데 놀랍게도 어떤 여자가 그 엉뚱한 질문에 이렇게 대답했다.

"황소자리예요. 당신의 별자리는요?"

"난 천칭자리예요. 혹시 점성술에 관심 있어요?"

이후 그들은 재미있는 대화를 이어갈 수 있었다. 여기서 중요한 것은, 위험을 무릅쓰고 대화를 시도했다는 자체이다. 이 남자는 그녀에게 관심을 보였고, 그녀가 그의 관심을 받아들임으로써 임무에 성공했다. 즉 진정한 관심은 사람을 으쓱하게 하며 대화에 꼭 필요한 요소이다.

만약 당신이 내가 어떻게 32킬로그램을 감량했는지, 어떻게 사업을 시작했는지 알고 싶어 한다면 나 역시 특별하다는 느낌을 받을 것이다. 또한 나도 당신에게 긍정적인 관심을 갖게 될 것이며 계속 대화가 하고 싶을 것이다. 당신이 내게 관심을 가질수록, 당신도 나에게 흥미로운 사람이 된다. 상대에게 진정으로 관심을 보이는 간단한 행동만으로도 대화에 활기가 띠고, 그 효과는 눈덩이처럼 커진다.

이처럼 먼저 시작하는 것만으로도 대화에 성공할 수 있다. 일단 시도해보면 생각보다 얼마나 쉬운지 깨닫게 될 것이다. 또한 사람들의 긍정적인 반응에 놀라게 될 것이다. 다음 4단계만 잘 기억하면 당신은 스몰토크의 달인이 될 수 있다.

✦ 1단계: 눈을 맞추어라.
✦ 2단계: 미소를 지어라.
✦ 3단계: 접근하기 쉬운 사람을 찾아라.
✦ 4단계: 당신의 이름을 알려주고 상대의 이름을 불러주어라.

도전해보라. 생각 이상의 가치가 있다는 것을 알게 될 것이다. 어색한 분위기를 누그러뜨리는 완벽한 질문은 없다. 사실 "당신의 별자리가 뭐예요?"라고 묻는 질문은 상당히 위험부담이 큰 질문이었다. 처음 보는 사람이 갑자기 그런 질문을 한다면 얼마나 황당하겠는가? 하지만 성공할 수 있었던 건 질문이 문제가 아니라는 걸 보여준다. 질문을 받은 여성이 자신을 대화에 끌어들이는 걸

허용했기 때문이다.

우리는 늘 상대를 잰다. 말을 걸어도 되는 분위기인지, 시간을 투자할 가치가 있는지 먼저 판단하려고 한다. 하지만 무슨 말로 접근하든 상대는 이미 당신의 접근을 허용하기로 마음먹은 것과 다름 없다.

사람들은 대부분 서로가 달라도 너무 다르다고 착각한다. 그래서 세상 사람들의 온갖 다양한 차이가 편견으로 작용하기도 한다. 성, 인종, 사회적 지위, 세대, 직업, 라이프스타일 등의 차이를 대화의 장애물로 생각하는 것이다.

나는 전국을 돌아다니며 각계각층의 다양한 사람들을 만나 이야기를 나누었는데, 그렇게도 달라보이던 사람들이 알고 보면 참 비슷하다는 사실이다. 단지 말을 거는 방식이나 관심을 보이는 방식, 이야기를 듣는 방식이 다를 뿐이다. 양파 껍질을 한 겹씩 벗기듯 그들을 새롭게 알게 될 때마다 낯선 사람과 대화하는 일이 얼마나 신나고 가치있는 일인지 매번 놀라게 되었다.

내가 주최한 첫 번째 프로그램에서, 모든 사람에게 자기소개와 스몰토크 프로그램에 참여한 이유를 말해달라고 부탁했다. 처음에 밥이라는 남자가 자기소개를 했다. 그는 모토로라 고객 서비스 엔지니어였는데, 그의 상사가 고객 상담 기술을 향상시키라고 하여 참석했다고 말했다. 또 비록 상사의 지시로 오긴 했지만, 콜로라도주의 엘리자베스라는 소도시로 옮기게 돼서 기쁘다고 덧붙였다.

데브라	밥, 콜로라도 주의 엘리자베스라고 했죠? 나도 전에 파커 근처에 있는 더글라스 카운티 옆에 살았어요. 지금 사는 곳이 그 근처인가요?
밥	네, 폰데로사 파크 단지라는 택지개발지구예요.
데브라	폰데로사 파크 단지라고요? 우와, 밥, 내가 살던 곳이 바로 거기예요! 폰데로사 레인 오버룩 로요.
밥	세상에, 데브라! 우리 집도 오버룩 로예요.
데브라	정말요? 밥, 우리 집은 오버룩 로 120번지에 있는 통나무 집이었어요.
밥	이럴 수가! 데브라, 우리 집이 바로 그 집이에요.

알고 보니 나와 내 전 남편이 1985년에 판 그 집을 최근에 밥이 다시 산 것이었다. 이 만남 덕분에, 그리고 내가 밥이 엘리자베스에서 왔다는 것에 관심을 가진 덕분에, 우리 가족은 밥의 초대를 받고 다시 그 집에 가볼 수 있었다. 그때는 얼마나 기뻤던지! 아이들도 거기 살았던 건 너무 어렸을 때라 그렇게 다시 가보지 않았더라면 까맣게 잊고 살았을 추억을 새록새록 떠올리며 엄청 신나 했다.

이처럼 대화라는 것은 노력한 만큼 충분한 보상을 받을 수 있다. 별자리가 뭐냐는 식의 엉뚱한 질문을 하게 될까 봐 걱정하지 않아도 된다.

_둘 사이에 끼어들기

지금 누군가에게 몹시 긴장한 채로 다가가고 있다. 그에게 할 얘기가 있기 때문이다. 하지만 그는 다른 사람과 수다 떠느라 바쁘다. 어떻게 끼어들 것인가? 우리가 배운 대로 예절 바르게 행동하려면 그가 당신의 존재를 눈치 챌 때까지 기다려야 한다. 하지만 어느 세월에! 뭐가 그리 재미있는지 정신없이 웃고 떠드는 두 사람 옆에서 우두커니 서 있다 보니 좀 바보가 된 기분이다.

이럴 때 내가 찾아낸 가장 좋은 끼어들기 방법은 구식 댄스 방식이다. 옛날에는 같이 춤추고 싶은 여자에게 이미 댄스 파트너가 있을 때, 그 파트너의 어깨를 살짝 두드리기만 하면 그 파트너가 차례를 양보했다.

수다 삼매경에 빠진 두 사람 사이에 끼어들 때도 그렇게 해보자. 말을 걸고 싶은 사람의 대화 상대에게 잠깐 실례하겠다고 하면 아마 대부분 끼어들기를 허락할 것이다. 그렇게 하면 아주 우아하고 자연스럽게 끼어들기에 성공할 수 있다.

두 사람을 덜 방해하는 방법도 있다. 실례하겠다고 말하고 잠시 끼어들어, 이따가 얘기 좀 하자고 말하는 것이다. 그러면 즉시 끼어들거나, 아니면 나중에 대화할 기회를 얻게 된다. 이 중 어떤 방법이든 그에게 대화하고 싶다는 메시지는 전한 셈이 된다.

_다섯 이상 그룹에 끼어들기

두 사람 사이에 끼어들기도 어려운데 다섯 혹은 그 이상 사이에 끼어들긴 더 어렵다. 5명 이상이 되면 요새처럼 견고하기 때문에 상당한 눈치작전이 필요하다. 그때는 이런 전략을 사용해보자.

✦ 지금 말하고 있는 사람에게 관심을 보여라. 단 그들에게서 약간 떨어져 있어야 한다. 그들이 당신 존재를 알아채고 익숙해지도록 하는 것이다. 서서히 대화에 활기를 띠기 시작하면 그들은 자연스럽게 당신을 그룹 안으로 끌어들일 것이다.

✦ 그들의 이야기에 수시로 반응을 보여라. 그들이 당신의 의견을 묻거나, 당신이 끼어들기 좋게 자리를 마련할 때까지 기다려라.

✦ 처음에는 일단 동의하는 것이 좋다. 그들의 의견에 공감하고 인정함으로써 그들이 당신에게 호감을 갖도록 만드는 게 무엇보다 중요하다. 당신의 진보적인 의견은 좀 나중에! 너무 빨리 강하게 끼어들면 그들은 당신의 침입을 불쾌해할 수도 있다. 그러면 당신은 다른 그룹을 찾아 처음부터 다시 시작해야 한다.

상대가
말하게 하라

당신은 이제 미소를 지으며 눈을 맞추고, 접근하기 쉬운 사람을 찾아 이름을 가르쳐주고, 그들의 이름을 불러주었다. 이제 됐냐고? 천만에! 아직도 배울 게 아주 많이 남았다.

하지만 두려워할 필요는 전혀 없다. 정말로 재밌는 대화 기술은 이제부터 시작이니까. 내성적인 사람이라면 더욱 재미있을 것이다. 왜냐면 지금 배울 기술은 그저 상대가 이야기를 하도록 만드는 것뿐이므로. 사람들은 대개 자기 이야기를 공유하는 것을 좋아한다. 그러니 말할 기회만 준다면 그들은 얼마든지 자기 얘기를 시작할 것이다. 이것이야말로 스몰토크의 가장 쉽고 매력적인 성공 비법이다.

_개방형으로 질문하라

상대에게 말할 기회를 주려면 개방형 질문을 하는 것이 중요하다. '네', '아니오' 이상의 답을 요구하는 질문을 하되 상대가 스트레스를 받을 정도로 대답을 강요하면 절대 안 된다. 무엇을 어디까지 말할지는 어디까지나 상대가 결정할 일이다. 이런 질문들은 직장동료나 아이들, 이웃, 친인척, 거래처 직원, 친구는 물론이고, 처음 만나는 사람을 친근한 사이로 만들 때도 아주 효과적이다. 성공적으로 개방형 질문을 던지는 비결은, 올바른 질문을 선택하고 필요한 질문을 계속 이어가는 것이다.

가장 대화하기 어려운 상대는 단연 학령기 아이들이다. 그들과 대화를 하다 보면 인내심의 한계를 느껴, 대개는 '아이들이니까 그렇지!' 하는 생각으로 대화를 서둘러 접는 경우가 많다. 하지만 오히려 나는 내 두 아이를 고난도 대화 기술의 연습 상대로 활용한다. 실제로 그들과 의미 있는 대화를 나눌 때, 아이들에게 내 대화 기술이 먹혀들지 않았던 적은 거의 없다.

언젠가 아이들이 학교에서 돌아오자 내가 질문을 던졌다.

"오늘 학교에서는 어땠니?"

"별일 없었어요."

대화의 끝을 선언하는 대답이다. 더 묻지 말라는 뜻인 걸 알면서도 나는 또 다른 질문을 던졌다.

"오늘 뭐가 가장 재미있었어?"

"모르겠어요."

10대인 내 아들의 대답은 늘 이런 식이다. 그러면 나는 아들의 눈을 똑바로 쳐다보며 다시 묻는다.

"오늘 재미있었던 과목이 뭐였는지 하나만 말해줄래?"

그제야 아들은 잠시 생각하고 나서 대답한다.

"과학이요."

"과학이 왜 재밌었는데?"

결국 아이는 수업에서 했던 실험에 대해 자세히 설명하기 시작한다. 그렇게 우리는 진짜 대화를 하기 시작하는 것이다.

여기서 핵심은, 진심으로 내가 관심이 있다는 것을 상대에게 보여줘야 한다는 것이다.

개방형 질문

✦ …에 대해 설명해줄래?

✦ …에 대해 말해줄래?

✦ 어떻게 …했어?

✦ 그게 어떻게 느껴졌어?

✦ 무슨 이유로 …했어?

✦ 왜?

_구체적으로 물어라

매주 월요일마다 사무실에서는 온통 안부 인사가 넘쳐난다.

"주말 잘 보냈어요?"

"잘 지냈어요. 당신은요?"

우스운 건 서로 대답을 듣기도 전에 가버린다. 이건 무슨 상황? 이 질문은 상대방 안부에는 전혀 관심 없고 그저 인사치레일 뿐이라는 뜻이다. "휴가 잘 보냈어요?" "일은 잘돼가요?" "잘 지냈어요?" "요즘은 어때요?" 이런 일상적인 질문들은 말 그대로 그냥 인사일 뿐이어서 대부분의 경우 이런 식의 대화는 짧막하게 끝난다.

"스티브, 오늘 어땠어?"라고 내 남편에게 물으면, "좋았어."라고 대답한다.

그러면 대화 끝! 할 말이 없어서가 아니라 이어가는 질문이 없기 때문이다. 내가 더 묻지 않으면 그걸로 대화는 정말로 끝이다. 그의 하루가 어땠는지 정말로 궁금해서 물어본 게 아니라 인사치레로 물어본 거라고 생각하기 때문이다.

"무슨 좋은 일이 있었는데?"

이렇게 물어봐주는 것만으로도 남편은 그날 있었던 일을 자세히 말할 기회를 갖게 된다. 다음에 나오는 데브라와 존의 대화를 살펴보자. 상투적인 대화의 전형적인 예이다.

데브라	안녕, 존! 오늘 기분 어때요?
존	엄청 우울해요.
데브라	왜, 무슨 일 있었어요?
존	해고당할지도 몰라요.
데브라	요즘 좋은 직장 구하기가 아주 어려운데.
존	지금부터 새 직장을 찾으러 다녀야 할까요?
데브라	당연히 찾으러 다녀야죠. 가만히 앉아 있으면 누가 알아봐 주겠어요? 추위와 굶주림에 시달리게 될지도 몰라요. 그렇게 되면 정말 큰일이잖아요?
존	가장 좋은 방법이 뭘까요? 구인정보지라도 뒤져볼까요?
데브라	물론이죠. 호랑이를 잡으려면 호랑이 굴에 들어가야죠. 이제 세상 물정 모르는 철부지도 아니고, 열심히 찾아봐요. 최선을 다하면 생각보다 많은 기회가 올 수도 있어요.

정말 뻔한 대답 아닌가? 그저 충고, 충고뿐이다. 이렇게 식상한 대화를 하지 않으려면 더 구체적으로 질문해야 한다. 구체적으로 질문한다는 의미는 당신이 진심으로 상대의 처지에 관심이 있고, 현재의 상황을 더 자세히 알고 싶어 하고, 상대의 대답을 듣기 위해 시간을 쏟을 준비가 되어 있다는 뜻이다. 여기에 몇 가지 예시가 있다.

"올 여름에 어떻게 지냈어요?"

   "완벽했어요."

"와우! 무슨 특별한 일이라도 있었나요?"

"연휴 동안 어떻게 지냈어요?"

   "꽤 괜찮았어요."

"어디 여행이라도 다녀왔어요?

"주말 잘 지냈어요?"

   "좋았어요."

"뭘 했는데요?"

   "시민회관에서 연극 봤어요."

"정말요? 연극에 관심 있는 줄 몰랐네요. 어떤 연극이었어요?"

   적절한 질문을 던지면 커피 한 잔 마시는 동안에도 즐거운 대화를 얼마든지 할 수 있다. 여기서 중요한 건, 상대의 말에 진심으로 관심을 기울이는 것. 귀 기울여 듣고 기꺼이 반응한다. 입 다물고 조용히 앉아 있기만 한다면 절대로 적극적인 대화를 끌어낼 수 없다. 그렇다면 고객이나 직장상사와 대화를 할 때는 어떨까?

"주말 어떻게 보냈어요?"

"잘 지냈어요."

"뭘 했는데요?"

"글쎄, 정원도 가꾸고… 그런데 이 제안서는…"

상사가 업무 이야기로 화제를 돌리기 원한다는 것을 눈치 챘는가? 상대가 지금 스몰토크를 하고 싶지 않다는 신호를 보냈다면 얼른 비즈니스 이야기로 전환해야 한다. 다음은 더 구체적인 대화로 들어가는 또 다른 사례다.

"어떻게 지냈어요?"

"바빴어요."

여기에 이어지는 질문으로는 뭐가 좋을까?

"뭐가 그리 바빴어요?" "무엇 때문에 그리 바쁜지 얘기 좀 해봐요." "늘 바쁜 거예요? 아니면 요즘에만 특히 바쁜 거예요?" "맨날 너무 바쁘게 사는 거 아니에요?" "지금처럼 바쁘지 않았던 때가 있었어요?" 등등 구체적이고 개방적인 질문을 하면 상대의 대답을 이끌어내기 좋다.

"오늘 날씨 끔찍하지 않아요?"

"정말 그래요."

그렇다면 여기에 이어지는 질문으로는 뭐가 좋을까?

"이쪽 지역은 날씨가 늘 이렇게 안 좋아요?" "어떤 날씨 좋아해요?" "여기보다 날씨가 더 끔찍한 곳에서 살아본 적 있어요?" "이곳에는 어떻게 오게 된 거예요?" 등등 날씨에서 연상할 수 있는 질문으로 이어가면 자연스럽게 상대에게 말할 기회를 줄 수 있다.

항공우주기업의 어느 중역은 최근에 승진한 동료에게 축하 문자를 보냈다.

"승진 축하해요. 새 일은 어때요?"

"고마워요. 아주 재미있어요."

짧은 답문이 왔다. 대화의 끝을 알리는 전형적인 인사치레 대답이다. 하지만 이에 굴하지 않고 그는 그녀에게 다시 긴 문자를 보냈다.

"새로 맡은 일이 어떤지 정말로 궁금하네요. 거기 일이 정말 잘 맞아요? 그곳 사람들은 어때요? 어려운 점은 없어요?"

그러자 이번에는 새 직책에 대한 부담감, 새 직위의 좋은 점과 어려운 점 등을 자세히 쓴 그녀의 답문이 도착했다.

처음 만난 사람보다는 알고 있던 사람에게 개방형 질문을 던지기가 쉽다. 처음 만난 사람에게는 아무래도 신중해야 한다. 상대에 대해서 전혀 모르니 본의 아니게 곤란한 질문으로 상대를 난처하게 할 수도 있고, 나름 친밀감을 표시하는 질문을 한 것뿐인데 상대는 무례하다고 느낄 수도 있기 때문이다.

다음은 우리가 흔히 하는 질문들을 개방형 질문으로 새롭게 바꾼 것들이다.

이렇게 묻는 대신	이렇게 물어라
결혼하셨어요? ⇨	**가족 얘기 좀 해주실래요?**
무슨 일 하세요? ⇨	**일 얘기 좀 해주실래요?**
아이는 있으세요? ⇨	**아이 얘기 좀 해주실래요?**
취미는 뭐예요? ⇨	**취미 얘기 좀 해주실래요?**
주말 잘 지냈어요? ⇨	**주말에 뭘 하면서 지내셨어요?**

업무 관련 행사나 고객과 점심 약속이 있다면 업무와 관련된 질문을 미리 준비하자. 준비한 질문을 꼭 해야 맛이 아니라 질문을 미리 준비해두면 스스로 잘 준비되어 있다는 자신감과 여유를 느낄 수 있다.

_공짜 정보를 활용하라

주의 깊게 관찰하다 보면, 대화 도중에도 대화에 필요한 공짜 정보를 상대가 계속 주고 있다는 사실을 알아챘을 것이다. 예를 들면 이런 것들이다.

"데브라, 어쩌다가 AT&T의 제품기획 부서에서 일을 하게 되었어요?"

누군가 이렇게 묻는다면 나는 이런 대답을 할 것이다.

"전에 제 고향인 뉴욕의 버펄로 지사에서는 연구개발 부서에 있었는데 거기서 일하는 게 정말 지긋지긋하게 싫었어요. 일단 엔지니어 업무가 맞지 않았고, 게다가 여직원에 대한 배려라곤 전혀 없는 곳에서 일하는 게 짜증났어요. 그 회사는 여직원 유니폼에 펜 넣을 주머니도 안 만들 정도였다니까요. 그래서 어디든 좋으니 근무지를 옮겨달라고 신청했죠. 그래서 이곳 덴버 지사의 제품기획 부서에서 일을 하게 된 거예요."

이 대답만으로도 나는 엄청난 공짜 정보를 제공하고 있다. 즉 나는 버펄로 출신이고, 전에 연구개발 부서에서 일했고, 엔지니어 업무가 맞지 않고, 먼저 회사는 여직원에 대한 배려가 없고, 내가 먼저 전근 신청을 했다는 등은 모두 공짜 정보에 해당한다. 당신은 이 공짜 정보들을 이용해서 더 많은 공짜 정보를 얻을 수도 있다. 또 다음과 같은 질문으로 대화를 확장할 수도 있다.

✦ 버펄로의 겨울은 지독하다던데 정말 그렇게 추워요?

✦ 엔지니어 업무가 왜 맞지 않았어요?

✦ 여직원에 대한 배려가 있었다면 전근할 생각이 없었을까요?

✦ AT&T의 연구개발 부서에서는 어떤 일을 해요?

✦ 덴버 브롱코스 미식축구팀이 있는 덴버에서 사는 건 어때요?

✦ 공학 공부는 어디서 했어요?

외모나 옷차림에서도 공짜 정보를 얻을 수 있다.

언젠가 빵집에서 줄 서 있다가 내 뒤에 선 남자가 셔츠에 라펠 핀을 꽂고 있는 것을 보았다. 내가 그 핀에 대해 묻자 그는 지역 로터리클럽 회원용 핀이라고 설명해주었다. 차례를 기다리는 얼마 안 되는 시간에 우리는 아주 많은 대화를 나눴고 서로에 대해 많이 알게 되었다. 이렇게 팀 유니폼이나 로고가 새겨진 옷, 액세서리, 물통, 클립보드 등은 말 걸기 좋은 소재들이다. 헤어스타일, 책, 잡지, 아이가 만든 공작품, 부러진 팔다리에 두른 깁스를 유심히 살펴라. 이때 이런 질문을 생각해볼 수 있다.

✦ 덴버 브롱코스 팬이군요! 이번 시즌 경기는 어땠어요?

✦ 런던 하드록 카페 티셔츠네요. 거기 가본 적 있어요?

✦ 암 치료를 위한 마라톤 대회에 참여하셨군요! 당신이 참가한 경기가 또 있나요?

업무 관련 모임에서 실패하지 않는 질문들

+ 이 사업을 시작하게 된 계기가 뭐예요?

+ 어떻게 그런 아이디어를 떠올리게 됐어요?

+ 왜 이 일에 관심을 가지게 됐어요?

+ 처음에는 무슨 일을 하셨어요?

+ 당신 직업의 가장 좋은 점은 뭐예요?

+ 경쟁사들과 다른 점이 있나요?

+ 일하면서 가장 힘든 건 뭐예요?

+ 이 업계의 요즘 트렌드는 어떤가요?

+ 홍보하는 데 가장 효과적인 방법은 무엇인가요?

+ 직장에서 경험한 가장 인상적인 일은 뭐예요?

+ 사업을 시작하는 사람들에게 어떤 조언을 하고 싶어요?

+ 절대로 실패하지 않는다면 무슨 일을 하고 싶어요?

+ 사업을 시작한 뒤로 가장 크게 달라진 건 뭐예요?

+ 사업을 하다가 뭔가 이상한 일을 겪은 적이 있나요?

+ 블로그나 SNS를 사업에 활용하나요?

사무실이나 집 벽에 걸린 상장이나 학위 수여증도 대화를 시작하기 좋은 소재들이다.

✦ 와, 미시건 대학 다니셨군요? 이 대학을 선택한 특별한 이유가 있어요?
✦ 골프 좋아하세요? 아주 잘 치시나 봐요. 이 트로피는 언제 어디서 받은 거예요?
✦ 이건 정말 흥미로운 예술품이네요. 누구 작품이에요?
✦ 언제 찍은 사진이에요? 완전 풋풋하네요. 몇 살 때예요? 옆에 있는 사람은 누구죠?

각종 행사에서도 다양한 공짜 정보를 얻을 수 있다.

결혼식장에서라면 "저는 신부랑 대학 때 룸메이트였어요. 당신은 이 부부랑 어떤 사이예요?"라고 묻거나 학회 세미나 같은 곳에서는 "이 행사에 어떻게 참석하게 되셨나요?"라고 묻는 것만으로도 쉽게 대화를 시작할 수 있다.

어느 날 스몰토크 세미나를 마치고 나갈 때였다. 복도를 걸어오는 남자가 있기에 엘리베이터를 잡아두었다. 보통 엘리베이터에서는 시간이 너무 짧아 대화를 안 하는 편인데 그날은 내가 갖고 있는 공짜 정보를 사용하느라 말을 걸었다. 무슨 공짜 정보냐고? 그 층에는 강의실이 2개였는데, 그 남자는 내 강의를 듣지 않았다.

그렇다면 다른 강의실에서 나온 게 분명하잖은가?

"강의 들으러 오셨나 봐요?"

내가 묻자 그는 책 쓰기 강좌에 참석했다고 했다. 알고 보니 그는 베스트셀러 작가이자 그 강좌의 강사인 해리 매클린이었다. 우리는 엘리베이터에서 내린 뒤에도 대화를 계속했고 곧 친구가 되었다. 그는 나중에 내 북클럽에서 자신의 신작 《옛날 옛적에》를 소개해주기도 했다. 이처럼 언제 어디서 어떻게 누구를 만날지, 그들과 나눈 대화가 어떻게 이어질지 알 수 없다는 점이 내가 스몰토크를 아주 좋아하는 이유다.

조금만 관찰해보면 사람들의 행동에서도 많은 공짜 정보를 얻을 수 있다. 말투나 글 쓰는 방식도 스몰토크를 시작할 수 있는 좋은 소재가 된다. 그 사람이 왼손잡이라는 것을 알게 되면 이런 식으로 질문할 수 있다.

"왼손으로 쓰는 게 어렵지 않나요?"

"왼손으로 쓴다고 누가 뭐라고 하면 거슬리나요?"

또한 사투리를 쓰는 사람을 만났다면 이렇게 말할 수 있다.

"사투리를 쓰는 것 같은데, 어디서 오셨어요?"

"고향을 떠난 지 얼마나 됐어요?"

"고향을 생각하면 가장 그리운 건 뭐예요?"

"여기서 사는 건 고향과 뭐가 달라요?"

"이곳은 어떤 점이 좋아요?"

언젠가 급히 보낼 물건이 있어서 동네 페덱스 사무실에 들어갔을 때였다. 그날은 바빠서 물건만 보내고 금방 나올 생각이었다. 내가 페덱스 서비스를 필요로 한다는 사실도 내가 무척 급한 상황이라는 것을 알려주는 공짜 정보다.

빠른 배송을 신청하자 직원이 서식을 작성하기 시작했다. 나는 그녀가 왼손으로 능숙하게 글씨를 쓰는 걸 보고 별생각 없이 왼손으로 쓰는데도 글씨가 참 예쁘다고 칭찬했다. 그건 사실 질문이 아니었다. 그런데도 그녀는 내가 마치 개방형 질문이라도 한 것처럼 반응했다.

그녀는 원래 선생님이었고, 글씨체 교정 수업을 받았고, 아리조나로 이사 갔다가 이혼을 했고, 재혼한 후에 다시 콜로라도로 이사 왔다는 길고 파란만장한 이야기를 늘어놓았다.

그때 정말 바쁜 상황이었는데도 그녀의 말을 끊을 수가 없어서 한동안 붙잡혀 있어야 했다. 마침내 내가 얼버무리며 문으로 도망칠 때까지도 그녀는 계속해서 말을 하고 있었다. 어색한 분위기를 누그러뜨리는 질문을 전혀 뜻밖의 상황에서 발견한 셈이다. 상대에게 아주 작은 관심과 호감만 보여줘도 충분히 마음을 열고 대화할 수 있다는 것을 보여주는 경험이었다.

기억하라! 당신이 말 걸어주기를 기다리는 사람들은 주위에 얼마든지 많다는 것을.

_될 때까지 연습하라

이제 당신은 스몰토크의 전문가가 되어가고 있다. 대화의 원칙을 연습하는 데 공을 들여야 한다. 지금 업무 관련 모임에서 쓸 수 있는 5가지 질문을 기억하는가? 또한 공짜 정보 6가지를 생각해 낼 수 있는가? 현재 당신이 있는 곳에서 대화의 소재가 될 만한 무언가를 찾을 수 있겠는가?

대화를 능숙하게 잘하려면 꾸준히 연습해야 한다. 대화 기술을 익히는 건 어렵지 않다. 적어도 고등학교 기하학보다는 훨씬 쉽다. 오로지 연습만 하면 된다. 점점 더 당신은 더 많은 이야기를 상대와 풍부하게 나눌 수 있을 것이다.

.

열심히
듣는 티를 내라

The Fine
Art of
Small Talk

우리는 먼저 대화를 시작하는 법, 어색한 분위기를 누그러뜨리는 법, 대화를 이어가는 법 등 성공적인 대화 기술을 절반 가량 다루었다. 또 효과적인 방법도 알게 되었고 피해야 할 방법에 대해서도 알게 되었다. 하지만 이것만으로 대화가 늘 성공한다는 보장은 없다.

좋은 대화는 말하기와 듣기가 균형을 잘 이루어야 한다. 연구 결과에 따르면 사람은 1분에 약 300 단어를 들을 수 있다고 한다. 반면에 대부분은 1분에 약 150~200 단어를 말할 수 있다고 한다. 물론 새 차 광고의 마지막에 나오는 경고문을 줄줄 빠르게 말하는 사람은 예외다. 즉 우리는 말할 수 있는 양보다 들을 수 있는 양이 훨씬 많다는 의미다.

그렇다면 우리는 어떻게 해야 할까? 남아도는 듣기 능력으로 무엇을 할 수 있을까? 물론 우리는 이미 그 능력을 광범위하게 사용하고 있다. 다른 사람들의 대화를 엿듣기도 하고, 대화를 나누면서 속으로는 저녁으로 뭘 먹을지 고민하기도 한다. 때로는 다른 생각에 빠져 너무 멀리 떠내려가는 바람에 중요한 정보를 놓치기도 한다.

"대화를 가로막는 가장 큰 장애물은 다른 사람의 이야기를 지적으로 이해하고 사려 깊게 들을 수 있는 능력이 없다는 것이다." 심리학자 칼 로저스의 말이다.

정신분석학자 앤 아펠바움 박사는 메닝거 연구소의 뉴스레터 〈퍼스펙티브〉에서 정신분석학자의 필요성을 이렇게 역설했다.

"황야에서 울부짖는 목소리는 아무도 들어줄 사람이 없는 상황에 대한 외로움과 광기를 내포한다. 인정받기를 원하는 인간의 욕구와 갈망은 너무나 크다. 반대로 훌륭한 청취자는 드물다. 정신분석학자들은 다른 사람의 이야기를 듣고 그 이야기가 정당성을 가지도록 적절한 반응을 제공함으로써 생계를 유지한다."

혹시 절실하게 자기 얘기를 하고 싶어 하는 사람과 점심식사를 해본 적이 있는가? 아마 당신은 거의 입을 열지 않았을 것이다. 그저 그를 지지한다는 따뜻한 말 몇 마디와 고개를 끄덕이는 일이 전부였는데, 식사를 마친 뒤에 상대는 기분이 훨씬 나아져서 당신에게 무척 고마워했을 것이다.

_시각적 신호

첨단 기술이 지배하는 현대 사회에서는 계속되는 자극의 폭격과 백색 소음(영에서 무한대까지의 주파수 성분이 같은 세기로 골고루 다 분포되어 있는 잡음) 때문에 다른 사람의 말에 귀 기울이기가 점점 더 어려워지고 있다. 실제로 경청을 하려면 시각적, 언어적, 정신적으로 완전히 집중해야 한다. 이 3가지 요소가 합쳐져야만이 훌륭한 청취 결과를 얻을 수 있다.

듣기의 생리적인 과정은 눈에 보이지 않는다. 소리의 진동이 누군가의 귀로 흘러들어가는 광경은 눈으로 지켜볼 수 없기 때문이다. 따라서 사람들은 자기가 이야기한 내용이 제대로 전달됐는지 확인하려 든다. 당신이 주의를 기울여 듣고 있다는 사실을 말하는 사람에게 알려주는 가장 쉬운 피드백은 시각적 신호다. 예를 들면 얼굴 표정과 고개 끄덕임과 긍정적인 몸짓 등으로 상대의 말을 주의 깊게 듣고 있다는 것을 표현한다.

니콜라스는 8살이다. 학교에서 돌아와 아빠에게 그날 학교에서 있었던 즐거웠던 일을 말하기 시작한다.

"아빠, 오늘 완전 재밌었어요. 미술 시간에 산을 그렸는데, 완전 멋졌어요. 체육 시간에는 축구를 했는데, 제가 골을 넣었어요. 슛~ 골!!! 점심에는 있잖아요. 내가 젤 좋아하는 피자가 나왔어요!"

이야기를 하다 말고 니콜라스는 아빠를 쳐다본다. 신문에 코를

박고 있는 아빠를 보고 한숨을 쉬며 묻는다.

"아빠! 왜 내 말을 안 들어요?"

니콜라스가 화를 내자 아빠는 그제야 니콜라스를 쳐다본다.

"듣고 있어, 얘야. 미술 시간에 산을 그렸고, 체육 시간에 골을 넣었고, 점심에 피자를 먹었잖니?"

"아녜요, 아빠! 그게 아니에요. 아빠 눈은 듣고 있지 않잖아요."

아빠는 분명히 아들의 이야기를 듣고 있지만 아들은 무시당한 느낌을 받았다. 아빠가 온전히 집중해주지 않았기 때문이다. 니콜라스는 아빠에게 그날 있었던 일을 보고하려는 게 아니다. 그는 자기가 느꼈던 감정을 아빠와 공유하고 싶었으며, 그가 이루어낸 일을 아빠가 진심으로 자랑스러워해 주고 적극적인 관심과 지지를 보여주기를 기대했던 것이다.

이처럼 경청은 그냥 귀로 듣는 것 이상이다. 그저 대화 내용을 알아듣는 것에서 그치지 않고 더 깊이 진지하게 집중하는 단계까지 가야 한다. 비언어적 소통의 선구자인 레이 버드휘슬은 이렇게 말한다.

"일반적으로 두 사람 사이의 대화에서 발생하는 사회적 의미를 100으로 볼 때, 언어적 요소는 35퍼센트 미만을 차지하고, 비언어적 요소가 65퍼센트 이상을 차지한다."

따라서 다른 사람의 이야기를 경청하려면 무엇보다 눈을 맞추는 일이 중요하다. 두리번거리지 말고 대화에 집중하라. 가끔 고개를 끄덕여 듣고 있다는 시각적 신호를 주면 말하는 사람에게도 엄청난 격려가 된다.

실제로 선의를 가진 사람들은 대체로 눈을 맞추려고 노력한다. 하지만 그들조차도 3명 이상의 그룹에서는 눈을 놓치기 쉽다. 늦게 도착한 사람을 쳐다보느라, 뷔페 테이블 위에 놓인 음식을 맛보느라, 또는 나 아니어도 다른 사람이 눈을 맞춰줄 것이라 기대하기 때문이다.

결국 그 테이블에서는 당신이 아닌 다른 사람이 질문을 하거나 대화를 이어가게 된다. 물론 말하는 사람도 당신이 잠시 집중하지 않았음을 눈치 채지 못했을 수도 있다. 하지만 결국 알아차리게 되고 다음과 같은 일이 벌어진다. 당신이 지겨워한다고 생각하여 입을 다물어버리거나, 당신을 건방지고 무례한 사람이라고 생각하거나 둘 중 하나다.

따라서 다른 사람들과 이야기할 때는 방 안에 방해 요소라곤 아무 것도 없는 것처럼 행동해야 한다. 물론 늦게 오기로 한 친구를 기다린다고 미리 양해를 구한 뒤 문 쪽을 쳐다보는 것은 괜찮다. 그 경우에는 계속 눈을 맞추지 않아도 이해받을 수 있다.

그런가 하면 보디랭귀지도 경청의 시각적 신호다. 다음은 긍정적 보디랭귀지와 부정적 보디랭귀지를 보여주는 그림들이다.

개방 / 방어　　　　　　　기대 / 좌절

평가 / 의심　　　　　　　자제 / 초조

능동적 / 지루한　　　　　　확신 / 불안

긍정적 보디랭귀지와 부정적 보디랭귀지

긍정적 메시지

✦ 상체를 앞으로 기울인다.

✦ 눈 맞춤을 계속 유지한다.

✦ 팔과 몸을 열린 상태로 유지한다.

✦ 몸의 긴장을 푼다.

✦ 몸을 상대 쪽으로 향한다.

✦ 고개를 끄덕이고 미소를 짓는다.

부정적 메시지

✦ 손가락질을 한다.

✦ 입을 가린다.

✦ 몸을 비비거나 쓰다듬는다.

✦ 액세서리를 만지작거린다.

✦ 연필이나 펜을 툭툭 친다.

✦ 다리를 흔든다.

✦ 팔짱을 낀다.

✦ 허리에 손을 올려놓는다.

✦ 다른 곳을 쳐다본다.

팔이나 다리를 꼬는 것은 방어적 신호다. 날씨가 추워서 그랬을지라도 마찬가지다. 또한 머리를 숙이고 시선을 피한다면 대화하고 싶지 않다는 메시지다. 사실은 부끄럽고 소심해서 그럴지라도 사람들은 당신의 그런 태도 때문에 당신을 무시하거나 가까이하기 어려운 사람으로 생각할 것이다. 턱을 괴고 있는 것은 지루하다는 표시다. 마찬가지로 허리에 손을 얹고 있으면 공격적이거나 상대를 못마땅하게 여기는 것처럼 보인다. 하지만 대화에 관심이 있고 열심히 듣고 있다는 뜻을 보여주는 방법도 아주 많다.

사실 보디랭귀지 기술은 스몰토킹 기술보다 어렵다. 보디랭귀지는 대개 몸에 밴 습관이라 무의식적으로 사용한다. 이를테면 부끄러워서 고개를 숙이거나, 불안해서 머리카락을 만지작거리거나 빙빙 돌리고, 긴장해서 뻣뻣하게 서 있는 식이다. 하지만 보디랭귀지는 세상을 향한 또 다른 언어라는 사실을 알아야 한다. 부정적 습관을 극복하고 긍정적 신체 언어를 사용하려면 집중적으로 연습해야 한다.

만약 대화할 때 상대방과 계속 눈을 맞추는 게 불편하다면 미간을 보는 것도 괜찮은 방법이다. 이런 식으로 살짝 변화를 주면 둘 다 편안하게 대화를 즐길 수 있다. 사실 상대방도 다른 사람이 계속 눈을 뚫어지게 쳐다보면 당황스러울 수 있으니까.

또한 말투를 상대와 비슷하게 맞추는 것도 상대에게 안정감을 주는 좋은 방법이다. 대화 상대가 말을 천천히 부드럽게 하는 사람이라면 비슷하게 목소리를 맞추어라. 그렇다고 늘 당신 모습을 가리고 남처럼 하라는 뜻은 아니다. 단지 대화를 주도하는 주인으로서 손님을 편안하게 배려하라는 의미이다.

_언어적 신호

언어적 신호는 시각적 신호를 보완하는 좋은 방법이다. 즉 언어적 신호가 없으면 말하는 사람은 상대가 내 이야기를 듣고 있는지 의심하게 된다. 언젠가 버펄로에 사는 아버지와 통화할 때의 일이다. 나는 아이들에 대한 이야기를 하고 있던 중이었는데, 전화 저편에서는 아무 소리가 들리지 않았다. 나는 말을 멈추고 물었다.

"아빠, 듣고 계세요?"

"그럼 듣고 있지. 손주들 얘기나 계속하렴."

"아무 말씀도 없으시기에 아빠가 갑자기 눈 속에 파묻히기라도 했나 하고요."

"난 네 말을 끊지 않으려고 그랬지."

아버지는 단지 내 말을 방해하지 않으려고 말을 하지 않으셨지만, 말하는 나는 아버지가 듣고 계신 건지 아니면 전화기 들고 딴 일을 하고 계신 건지 의심스러웠던 것이다.

전하고 싶은 메시지	언어적 신호
더 듣고 싶다.	그래서요? / 그 다음에는요?
동의한다.	그렇군요. / 아, 네.
긍정적이다.	정말 흥미롭군요! 대단한 성과네요!
다른 이야기를 하고 싶다.	…에 대해서는 어떻게 생각하세요?
이야기를 확장하고 싶다.	왜 그렇게 생각하세요?
논쟁하고 싶다.	…에 대한 증거가 있나요?
참여하고 싶다.	저도 그 일을 해볼 수 있을까요?
명확히 하고 싶다.	…에 대한 당신의 감정을 잘 모르겠네요.
공감한다.	많이 힘드셨겠어요.
자세히 알고 싶다.	그 의미가 무엇인가요?
구체적인 사항을 알고 싶다.	예를 들면요?
전반적인 사항을 알고 싶다.	큰 그림은 무엇인가요?
미래를 보고 싶다.	그래서 무슨 일이 일어날 것 같은데요?
과거를 돌아보고 싶다.	무슨 일이 있었던 거예요?
공통점/차이점을 알고 싶다.	이런 거 본 적 있어요? / 반대 의견은 무엇인가요?
극치나 대조점을 알고 싶다.	단점은 무엇인가요? / 장점은 무엇인가요?

상대의 말을 듣고 있다는 사실을 알려줄 수 있는 언어적 신호는 얼마든지 있다. 짧은 대꾸만으로도 긍정적인지, 동의하지 않는지, 특정한 이야기를 더 듣고 싶은지 알려줄 수 있다. 화제를 자연스럽게 바꾸고 싶을 때 쓸 수 있는 언어적 신호들은 다음과 같다.

✦ 그 이야기를 듣고 보니 …가 생각나네요.
✦ 당신이 …에 대한 이야기를 할 때, …가 기억났어요.
✦ 최근에 제가 신문에서 …에 대한 것을 봤는데요.
✦ 당신에게 …에 대해 물어보고 싶었어요.
✦ …에 대해 들으니 당신 생각이 났어요.
✦ 화제를 바꿔도 될까요?
✦ 당신 같은 전문가에게 물어보고 싶은 게 있어요.

이런 모든 언어적 신호는 당신이 현재에 집중하고 있음을 보여준다. 이는 말하는 사람에게 격려가 많이 된다. 계속 단답형으로 대답하는 사람을 만났다고 상상해보자. 화제가 뚝뚝 끊어지므로 당신은 계속 질문이나 다음 이야깃거리를 생각해내야 한다. 그럴 경우 상대가 얼마나 많은 정보를 알고 싶은지, 지금 하고 있는 이야기에 흥미가 있긴 한지 의심하게 된다.

따라서 대화를 하는 동안 적절하게 언어적 신호를 보내야 한다. 당신이 진심으로 흥미를 느끼고 있으며 진지하게 경청하고 있다는 사실을 상대가 알게 한다. 또한 상대가 계속 이야기를 할 수 있도록 독려하자. 그가 말하는 동안 당신은 치즈버거를 즐길 수 있을 것이다.

말 많은 사람들은 남의 말을 거의 듣지 않는다. 반면 조용하고 과묵한 사람들은 '적어도 우리는 잠자코 남의 말에 귀 기울일 줄 안다'고 자부한다. 하지만 이런 태도는 적극적으로 대화에 참여하지 않는 행동으로 여겨진다. 그냥 열심히 듣기만 하고 말을 하지 않는 것도 대화를 중단시키는 요인이 된다. 즉 내가 열심히 듣고 있으며, 대화 내용을 잘 이해하고 있다는 사실을 알릴 때도 언어적 신호의 사용은 아주 중요하다.

_ 반복하라

상대가 한 말을 반복하거나 특정 부분을 질문함으로써 상대의 말을 제대로 듣고 이해했음을 알려준다. 이 방법은 특히 상대의 의견에 동의하지 않거나, 복잡하고 기술적인 설명을 들었을 때 효과적이다. 당신이 그 내용을 정확하게 이해했는지를 상대가 알 수 있도록 하는 효과도 있다.

나는 내 남편이 집안일을 잘 돕지 않는 게 불만이었다. 우리는 이 문제에 대해 이야기했고, 스티브는 집안일을 더 많이 돕겠다고 약속했다. 하지만 2주가 지난 지금 나는 다시 그에게 불만을 표출

한다. 그가 여전히 집안일을 돕지 않고 있기 때문이다.

"집안일을 더 많이 돕기로 했잖아. 도대체 언제부터 약속을 지킬 거야?"

"나름대로 돕고 있는데 무슨 소리야? 목요일마다 쓰레기를 모아서 분리수거 하고 있잖아."

"그게 다야?"

나는 스티브가 집안일의 절반을 맡아주기를 원했다. 하지만 집안일을 돕겠다는 약속만 받아냈을 뿐 그가 어느 정도까지 돕겠다는 건지 확인도 하지 않은 채 그가 내 말을 이해했다고 생각했다. 반면 스티브는 내 말을 집안일을 조금이라도 도와주면 고맙겠다는 뜻으로 이해했다. 이처럼 사람들은 같은 말을 하면서도 전혀 다른 의미로 받아들일 때가 많다. 집에서나 직장에서나 서로 오해가 없으려면 분명하게 말하는 습관을 들여야 한다.

그런가 하면 예민해진 상황에서도 반복하기는 효과적이다. 상대가 말한 특정 부분을 반복하는 것만으로도 감정은 자연스럽게 진정된다. 이해받고 있다는 느낌이 안정감을 주기 때문이다. 노련한 고객 서비스 담당자는 잔뜩 화가 난 고객의 항의 내용을 차분하게 반복함으로써 그들의 적대감을 누그러뜨리고, 자신이 전문가라는 사실을 고객에게 전달한다.

사과하기 전에, 문제를 해결하기 전에, 특정 부분을 반복함으로써 상대가 자신의 말이 틀렸다는 사실을 깨닫게 하라.

10가지 듣기 원칙

1. 듣고자 하는 의욕과 관심, 집중, 자기 수양이 필요하다.

2. 언어적, 시각적 신호를 적극적으로 표현하라.

3. 대단한 것을 기대하라. 우리는 기대하고 있을 때 더 좋은 정보를 얻는다.

4. 온몸으로 들어라. 두 귀와 두 눈과 마음으로 들어라.

5. 메모하라. 기억하는 데 도움이 된다.

6. 들은 내용을 다른 사람에게 이야기하라. 지금 듣고 있는 내용을 누군가에게 이야기해 주겠다고 마음먹어라. 그러면 더 열심히 듣게 된다.

7. 말하는 사람과 보조를 맞춰라. 그의 몸짓과 표정, 목소리 패턴을 따라 하며 편안하게 소통하라.

8. 내적·외적 방해물을 통제하라.

9. 상대방의 이야기에 충분히 귀 기울여라.

10. 대화에 집중하고 공상에 빠지지 말아라.

_집중하라

대화에 집중하지 않으면 온갖 시각적, 언어적 신호도 아무 소용이 없다. 좋은 대화 상대는 상대방이 이야기한 내용을 기억하는 사람이다. 이야기가 지루해서 도저히 못 참겠다면, 지루한 티를 내서 상대를 불편하게 하는 대신 양해를 구하고 정중히 떠나면 된다.

업무와 관련된 일로 한 여성과 점심식사를 한 적이 있었다. 우리는 밥을 먹으면서 이런저런 이야기를 나누었다. 아이들 이야기를 나누다가, 내 지금 남편이 두 번째이고 치과의사라는 이야기도 했다. 그런데 잠시 이야기가 끊어지자 그녀가 물었다.

"그런데 결혼은 하셨어요?"

그녀는 내 말을 전혀 듣고 있지 않았던 것이다. 그 뒤로 그녀를 만나지 않았고, 이름이 뭐였는지 기억조차 나지 않는다.

남의 말을 건성으로 듣는 건 관계를 악화시키는 지름길이다. 대화할 때 당신이 할 일은 오직 상대의 말을 잘 들어주는 것뿐이다. 이것은 선택사항이 아닌 가장 기본적 예의다. 하지만 어떤 이유로든 상대의 말에 집중할 수 없다면, 차라리 자리를 피하는 게 낫다. 당신이 보내는 시각적, 언어적, 정신적 신호는 상대에게 당신이 얼마나 대화에 집중하고 있는지 알려주는 지표다.

하지만 정말 지루한 대화에 붙잡혀서 빠져나오지 못한다면? 이제부터 그러한 딜레마를 해결해보자.

인터뷰 준비하듯
대화를 준비하라

어색한 분위기를 누그러뜨리는 질문들, 대화를 시작하는 법, 열심히 듣는 경청 기술도 미리 준비하지 않으면 소용없다. 지적인 사람들이 모이는 학술 콘퍼런스 오찬회라도 마찬가지다. 8명이 앉아있는 테이블에서 어떤 사람이 10분 동안 자기 얘기만 떠들어댄다면 대화는 중단되기 마련이다. 그 다음부터는 어색한 침묵을 무슨 말로 깨뜨릴지, 끊긴 대화를 어떻게 이어갈지 고민하느라 접시만 노려보게 된다. 누구라도 대화할 준비를 미리 했더라면 그렇게 거북한 침묵은 피할 수 있었을 것이다. 그 8명은 모두 초면의 7명과 앉게 될 것이라는 사실을 알고 있었다. 그런데 아무 준비도 하지 않았다. 대화를 잘하는 사람들은 대개 누구를 만나거나 행사에 가기 전에 미리 준비한다. 여기서 슬라이드나 노트북, 레이저 포인터는 아무 필요가 없다. 행사장 가는 길에 차 안에서 잠시 생각하는 것만으로 충분하다. 급할 때는 이런 질문들이 아주 유용하다.

침묵을 깨뜨리기 좋은 질문

+ 어젯밤에 방영된 ○○○ 프로그램을 본 사람이 있나요?
+ 그 영화 본 사람이 있나요?
+ 요즘 어떤 책을 읽고 있는데, 혹시 그 책을 읽은 사람이 있나요?
+ 이 신기술에 대해 들어본 사람이 있나요?
+ 근처에 괜찮은 미용실이 있나요?

_가끔 만나는 사람

사람들과 대화를 즐기려면 어색한 분위기를 누그러뜨리는 것만으로는 부족하다. 또한 대화를 만나는 사람이나 행사의 성격과 수준에 맞춰 준비를 해야 한다. 실제로 아이들 다음으로 가장 어려운 대화 상대는 가끔 만나는 사람들이다. 못 보고 지낸 지난 몇 주, 혹은 몇 달 동안 그에게 무슨 일이 있었는지, 어떻게 변했는지 전혀 모르기 때문이다. 따라서 오랜만에 만날 때는 상대에게 몇 가지 변화가 있으리라고 가정해야 한다.

예를 들어 업무 관련 행사에서 1년에 한 번씩 만나는 동료가 있다고 하자. 지난 1년 동안 그 동료는 직업을 바꿨을 수도, 친구나 가족의 죽음을 경험했을 수도 있다. 아니면 아주 근사한 곳으로 여름 휴가를 다녀왔거나, 영적인 변화를 경험했거나, 결혼을 했거나 이혼을 했을 수도 있다. 다시 말하면 1년 전과 똑같은 이야기를 들으리라고 기대해서는 안 된다는 뜻이다.

가끔 만나는 사람에게 적절한 질문

+ 요즘 …는 어때요?
+ 지난번 그 일은 어떻게 되었어요?
+ 작년에 만난 뒤로 달라진 게 있어요?
+ 지난 1년 동안 어떻게 지냈어요?
+ 가족들은 잘 지내죠?

조심해야 할 질문

+ 아내/남편/동반자는 어떻게 지내요?
+ 지금 하고 있는 일은 어때요?
+ 아이 진학은 어떻게 되었어요?

_상대의 역사 탐구

이야기를 나누다 보면 문득 주위가 고요해지면서 어색한 침묵이 흐르는 경우가 있다. 대화에 다시 활기를 불어넣을 것인지 아니면 그렇게 천천히 시들어가게 놔둘 것인지는 당신에게 달렸다.

대화 충전용으로는 상대의 역사에 관한 질문들이 적합하다. 그렇다면 이런 질문들은 어떨까?

상대의 역사에 관한 질문

+ 둘이 어떻게 만났어요?

+ 이 일을 어떻게 시작했어요?

+ 이 분야에 관심을 가지게 된 계기가 있었나요?

+ 언제 처음 …가 되고 싶다는 생각이 들었어요?

+ 여긴 어떻게 오게 되었어요?

+ 서로 어떻게 알게 되었어요?

+ 마케팅에는 어쩌다가 관심을 갖게 되었어요?

+ 이런 아이디어를 어떻게 생각해냈어요?

_화제를 미리 준비하는 센스

인터뷰를 준비하듯 대화를 준비하라. 면접 인터뷰를 준비하는 것보다야 훨씬 쉽겠지만 원칙은 같다. 정확하고 교양 있게 대화하려면 그 행사와 관련된 자료를 조사하고 성격에 맞춰 준비한다. 이런 범주에 해당하는 질문을 나는 특별히 '인터뷰 질문'이라고 부른다. 인터뷰 질문은 지속적으로 대화에 활기를 부여하는데 도움이 된다.

나는 미팅이나 만찬 혹은 업무 관련 행사에 참석하기 위해 주차장으로 들어가면서, 인터뷰를 준비하는 것처럼 마음의 준비를 한다. 행사장에 들어가서 곧 마주하게 될 사람들이나 행사 내용, 분위기에 맞춰 가장 적절한 인터뷰 질문을 다시 한 번 점검하며 2분 정도를 보낸다.

전혀 모르는 낯선 사람들과 마주앉는 순간 우리는 당황해서 할 말을 잃게 된다. 서로 멀뚱멀뚱 쳐다보면서 무슨 말이라도 해야 한다는 압박감에 머리를 쥐어뜯는 최악의 순간이다.

다음은 그럴 때 적용할 만한 인터뷰 질문들이다. 각자 자기 성격에 적용할 수 있는 질문들을 골라보자.

인터뷰 질문 1

+ 이 계절에는 뭘 하면 가장 좋을까요?

+ 어떻게 이 모임에 참석하게 되었어요?

+ 이 중에서 한 사람만 만날 수 있다면 누구를 만나겠어요?

+ 인생에서 가장 중요하게 생각하는 게 뭐예요?

+ 가장 인상 깊었던 일은 뭐예요?

만난 적 있는 사람이라면, 그때 무슨 이야기를 나눴는지 생각해 보자. 그가 좋아하는 NBA나, 그가 하는 사업, 그가 매년 봄마다 코치하는 배구 시합, 정원 가꾸기에 대한 이야기를 했을 수도 있다. 이야깃거리가 떨어졌을 때 문득 그 이야기들이 생각날 것이라고 기대하지 마라. 미리 준비하라.

인터뷰 질문 2

+ 당신을 한 마디로 표현한다면 어떤 단어가 좋을까요?

+ 좌우명이 뭐예요?

+ 존경하는 사람은 누구예요?

+ 고등학교 때는 어떤 학생이었어요?

+ 바꾸고 싶은 습관이 있나요?

_대화의 비언어적인 부분

스몰토크 세미나를 할 때마다 활용하는 내가 가장 좋아하는 놀이가 있는데, 이 놀이는 대화의 비언어적인 부분을 아주 잘 보여준다.

10명에서 12명씩 둥글게 원을 만들어 앉게 한 다음, 그 중 한 사람에게 털실 뭉치를 준다. 그러면 그 사람은 털실의 끝을 잡고 자기 비밀 이야기를 한 다음, 다른 사람에게 털실 뭉치를 던진다. 그렇게 해서 털실 뭉치를 받은 사람은 공을 던진 사람이 한 말에 대해 질문을 한다. 그러고는 자신도 이야기를 한 뒤 똑같은 방식으로 다른 사람에게 공을 넘긴다. 이 게임은 모든 사람이 털실 뭉치를 받을 때까지 계속된다.

내가 이 놀이를 좋아하는 이유는 참가자들이 그동안 몰랐던 몇 가지 사실을 깨닫게 되기 때문이다.

첫째, 참가자들은 털실 뭉치가 언제 자기에게 올지 모르기 때문에 줄곧 다른 사람이 하는 말을 귀 기울여 듣는다. 집중해서 듣지 않으면 질문을 할 수 없기 때문이다.

둘째, 참가자들은 적절한 질문을 하는 법과 언어적 신호에 집중하는 법을 배우게 된다. 적절한 질문과 적절한 대답은 대화가 중단되지 않고 이어지게 하는 가장 쉬운 방법이다.

셋째, 참가자들은 보디랭귀지에 집중하게 된다. 말하는 사람은 털실 뭉치를 떨어뜨리지 않도록 공을 던지기 전에 받을 사람에게 눈으로 신호를 보낸다. 공을 던지는 사람이 받을 사람과 눈을 맞추지 않거나 듣는 사람이 집중하지 않는다면 털실 뭉치는 '쿵' 소리를 내며 바닥에 떨어지고 말 것이다. 그러면 대화 게임도 그걸로 끝이다. 그러므로 공이 떨어지는 사태를 막는 방법은 오직 집중하고 준비하는 것뿐이다.

만약 모르는 사람들과 긴 시간을 함께 보내는 행사에 참가해야 한다면, 어색한 분위기를 누그러뜨리는 질문과 적절한 이야깃거리를 많이 준비하는 것이 좋다. 장시간 대화에 참여할 준비를 하는 것은 그리 어렵지 않다. 여러 가지 이야깃거리를 준비했다면 혹시 당황해서 잊을 경우를 대비해 메모를 해둔다. 다만 당신이 가장 잘 아는 이야기, 즉 당신 자신의 이야기는 메모할 필요가 없다. 당신이 아무리 좋은 질문들을 손에 쥐고 있다고 하더라도, 언젠가는 당신 자신에 대한 이야기를 해야 한다.

좋은 대화의 원칙은 주고받는 것이다. 만일 당신이 계속 질문만 던진다면 상대는 공평하지 않다고 느낄 것이며, 결국 기분이 좋지 않을 것이다. 자신의 이야기를 하는 것은 무척 중요하다. 사실 이 중요한 일을 매우 어려워하는 사람들이 있다. 적어도 예전에는 나도 그랬으니 말이다. 자기 이야기를 하지 않으려는 사람들은 대체로 다음 둘 중 하나, 어쩌면 둘 다 두려워한다.

첫째, 자기 삶이 너무 평범해서 듣는 사람이 지루해할 거라고 걱정한다.

둘째, 너무 자기중심적이거나 거만해 보일까 봐 걱정한다.

_특별한 경험

우리는 대부분 평범한 사람들이다. 그저 나름대로 자기 삶을 살아가려고 노력할 뿐이다. 필요한 만큼 돈을 벌고, 아이를 잘 키우고, 부모님을 돌보고, 때때로 휴가를 가고, 취미를 즐길 여유가 있으면 좋겠다고 생각한다. 회사에서 승진하고, 내가 좋아하는 팀이 우승했으면 좋겠고, 가끔은 여행을 가거나 쉴 수 있으면 더 바랄 것이 없다.

겉으로 보면 무엇 하나 다를 게 없는 삶이지만 들여다보면 제각각 재미있는 사건들이 얼마든지 많다. 내가 아는 사람들만 해도 모두 이런저런 특별한 경험을 한두 번 이상은 했다. 당신의 일상 속에도 그런 일들이 있을 것이다. 생각만 해도 웃음이 나는 에피소드나, 평생에 한 번 있을법한 근사한 휴가, 우연의 일치라기에는 너무나 이상했던 순간, 놀라웠던 일, 소름끼쳤던 일들이 분명히 있을 것이다. 이런 이야깃거리를 찾아 이야기하는 것이 바로 즐거운 대화다. 무엇이든 이야깃거리가 될 수 있다.

_좋은 화제

대화를 시작할 때는 듣기 편하고 크게 문제되지 않는 이야기가 좋다. 쉽고, 밝고, 긍정적이고, 가벼운 이야기 말이다. 우정은 믿음과 친밀감을 쌓아가는 과정에서 싹튼다. 대화를 하는 것은 양파를 까는 것과 비슷하다. 상대와 친해진 만큼만 한 겹씩 진짜 자신의 모습을 보여준다.

예를 들어, 친구가 아이들의 교육에 지나치게 열성적인 부모로 살다 보니 미니밴을 사게 되었다는 말을 했다고 가정해보자. 그런데 여기서 얼마 전에 유방암 진단을 받았다고 말하면 어떨까? 그야말로 뜬금없다.

하지만 유방암 치료를 위한 마라톤 대회에서 만난 누군가와 이야기를 나누는 상황이라면, 게다가 당신이 암 생존자임을 보여주는 핑크리본을 달고 있다면, 유방암에 대한 이야기는 아주 자연스럽다. 즉 어떤 이야기를 할 것인지는 장소와 상황과 상대에 따라 적절하게 선택해야 한다.

얼마 전에 갔던 오찬 행사에서 7명이 함께 원탁 테이블에 둘러앉게 되었다. 모두 서로 초면이었다. 인사를 나누고 나서 더 할 말이 없어지자 모두 약속이나 한 듯이 각자 휴대폰을 들여다보며 메시지를 확인하는 척했다. 이때 나는 기꺼이 대화의 짐을 떠맡아 우리 가족이 봄에 휴가 갔던 이야기를 꺼냈다.

"지난봄에 멕시코로 클럽 메드 여행을 갔는데 정말 좋았어요. 게다가 물가가 얼마나 싼지 너무 놀라워서 믿을 수 없을 정도였죠. 모든 게 거의 공짜나 마찬가지였어요. 아이들이 뭘 사달라고 할 때마다 지갑을 뒤질 필요도 없었죠. 그냥 가서 가져오면 될 정도였어요. 아, 정말, 거기서는 아무 부담 없이 먹고 놀고 즐겼어요. 천국이 따로 없더라고요."

이 휴가 이야기에는 대화에 활기를 불어넣는 3가지 요소를 다 포함하고 있다.

첫째, 내 개인적인 경험을 이야기함으로써 다른 사람들이 나에게 친밀감을 느끼게 했다. 일단 편안한 분위기가 조성되면 모르는 사람들끼리도 자연스럽게 대화를 주고받게 된다.

둘째, 새로운 주제를 제공함으로써 다른 사람들도 자신의 여행 경험을 떠올리게 했다.

셋째, 사람들이 서로 자신의 경험을 나누기 시작했다.

결국 사람들이 자신의 여행 계획을 말하기 시작하면서 갑자기 우리 테이블은 생기 넘치는 대화의 장이 되었다. 그런 자리라고 해서 꼭 그 행사와 관련된 이야기만 할 필요는 없다. 그냥 개인적인 경험이나 의견, 최근에 읽은 책, 좋은 식당, 어제 개봉한 영화 등 얘깃거리는 얼마든지 있다.

어느 시상식 연회에 참석한 적이 있었다. 옆에 있던 신사가 슬쩍 말을 걸었다.

"아내가 출장 가서 혼자 왔는데 아는 사람이 하나도 없으니까 왠지 어색하네요."

그래서 나도 전에는 이런 사교 모임이 너무 불편했고 정말 싫었다고 대답했다. 그 짧은 대화만으로도 그는 마음의 안정을 되찾았고 우리는 한참 동안 다양한 화제로 이야기를 나누었다.

공적인 장소에서 이야기할 만한 화제는 거의 무한하다고 할 수 있다. 하지만 가급적 피해야 할 주제들도 제법 많다. 일단 논란이 될 만한 주제는 무조건 피하는 게 좋다. 다음은 대화를 끊어버리기 쉬운 이야기들이다.

삼가야 할 화제

1. 호불호가 갈리는 취미 이야기

2. 사생활에 관한 소문

3. 개인적인 불행, 특히 현재 진행 중인 일

4. 값비싼 물건에 대한 이야기

5. 입장에 따라 논란이 될 만한 주제

6. 자신이나 다른 사람의 건강 상태에 대한 이야기

물론 깁스를 하고 있거나 붕대를 감고 있거나 목발을 짚고 있는 사람과 이야기할 때는 예외다. 눈에 보이는 그런 공짜 정보를 보고도 아무 말도 하지 않고 지나친다면 방 안에 코끼리가 들어왔는데 그걸 못 본 척하는 것과 같다.

지금 하려는 이야기가 그 장소에 어울리는지, 말해도 괜찮을지 확신이 서지 않는다면 말하지 않는 게 낫다. 그럴 때마다 나는 수학 선생님이 가르쳐주신 오랜 격언을 되새긴다.

"잘 모르는 문제는 내버려둬라."

상대를 불쾌하게 할 가능성이 조금이라도 있다면 그런 주제는 무조건 피하는 게 좋다.

_대화의 공 주고받기

어린 시절 운동장에서 하던 포 스퀘어 게임(4명이 각각 바닥에 그려진 4개의 사각형 안에 들어가 공을 주고받는 게임)을 떠올려보자. 우리는 공을 떨어뜨리지 않고 계속 패스하기 위해서 얼마나 공에 집중했던가!

대화를 이어가는 것도 딱 그런 거다. 당신은 함께 둘러앉은 모든 사람에게 공을 던져야 하고 게임을 지속하기 위해 공이 되돌아오게 해야 한다. 이렇게 하려면 모든 사람이 공에 집중할 수밖에 없다. 하지만 마지못해 공을 받는 사람도 있다. 예전에 당신이 그랬던 것처럼 공 받는 것을 주저할 수 있다. 부끄러워서, 소심해서, 자신의 삶이 너무 평범하다고 생각해서, 관심받는 것이 부담스러워서 등등 이유는 많다. 당신은 그들을 도와야 한다. 그렇지 않으면 게임은 끝나버릴 테니까.

대화를 시작하거나 이어가는 가장 쉬운 방법은 상대를 칭찬하는 것이다. 칭찬할 거리를 찾는 건 그리 어렵지 않다. 사람은 누구나 한두 가지 매력은 갖고 있기 마련이니까. 그러니 감탄할 만한 부분을 찾아 솔직하게 표현하는 것만으로도 둘 사이에는 급격한 친밀감이 형성되며 대화는 자연스럽게 이어진다.

칭찬은 정확하고 구체적으로 하는 게 좋다. 두루뭉술 막연한 칭찬보다 훨씬 효과적이고 상대가 당신에게는 물론 스스로에게도 좋은 감정을 가질 수 있다. 여기서 중요한 것은 당신의 칭찬이 진심에서 우러나와야 한다는 점이다. 무엇을 선택하든 대개는 외모, 소유물, 태도에 관한 칭찬이 되겠지만 진심으로 당신이 좋아하는 점을 골라 칭찬하라. "훌륭한 칭찬은 2달 간다."는 마크 트웨인의 말을 꼭 기억하자!

두 번째 결혼식을 앞두고 있을 때였다. 내 친구 카렌과 만나 결혼식에 대한 이야기를 하다가 내가 그동안 두 남자를 만나고 있었다는 얘기까지 하게 되었다. 양다리? 뭐, 그렇다고 할 수도 있지만 아무튼 그들은 벤과 스티브였다. 카렌은 그 두 사람이 어떤 사람들인지 궁금해했다.

"벤은 유머 감각이 정말 좋아. 파티에 가면 완전 비타민 같은 사람이지. 옷도 백만장자처럼 멋지게 차려입고 여행도 아주 근사한 곳으로만 다녀. 우리는 힐튼 헤드 섬이랑 유럽에 같이 갔었어. 주말에는 등산도 여러 번 갔었고. 골프도 잘 치고 정말 멋진 남자야."

카렌은 완전 흥분해서 소리를 질렀다.

"완전 환상이네! 그런 꿈같은 남자랑 결혼한다니 정말 잘됐다."

"앗, 아니야. 난 스티브랑 결혼할 거야."

내 말에 카렌은 놀라서 입을 다물지 못했다. 한참 있다가 그녀가 물었다.

"그럼, 데브라, 스티브는 대체 어떤 사람이야? 완전 왕자님 같은 벤보다도 더 근사한 사람이야?"

"아니야. 스티브는 그냥 평범한 사람이야."

"뭐라고? 그런데 왜?"

"그는 나에게 온갖 칭찬을 늘어놓거든. 그래서 그를 만나면 난 특별한 존재가 된 느낌이 들어. 게다가 정말 중요한 건 그가 늘 진심으로 그런다는 거야."

진심에서 우러난 칭찬의 힘은 어마어마하다. 자신의 훌륭한 특성을 알아보고 인정해주는 것만큼 사람을 특별하다고 느끼게 하는 일도 없다.

_영혼 없는 칭찬 말고 관심 칭찬

칭찬이라고 다 같은 효과가 있는 것은 아니다. 마음에 남는 좋은 칭찬은 좀 더 구체적이고 정확하다. 사람을 만나면 대개는 눈에 보이는 것을 칭찬하게 되기 때문에 상대의 헤어스타일, 옷차림, 액세서리, 외모를 칭찬하기 쉽다. "스웨터가 예쁘네요." 또는 "참 독특한 넥타이네요."라는 식이다. 하지만 그것은 그저 스웨터와 넥타이에 대한 칭찬일 뿐이다. 훌륭한 칭찬은 그 아이템을 좋아하는 이유까지 자세히 설명함으로써 칭찬 이상의 관심을 보여주는 것이다.

"스웨터가 예쁘네요."라고 말하는 대신 "스웨터가 참 예쁘네요. 스웨터 색깔이랑 눈동자 색이 너무 잘 어울려서 예쁜 눈이 더 돋보여요."라고 말하라. 스웨터뿐만 아니라 상대의 눈을 내가 좋아한다는 것을 알려주는 칭찬이다.

"참 독특한 넥타이네요."라고 말하는 대신 "참 멋진 넥타이네요. 디자인이 아주 독특해요. 남자는 넥타이로 자신의 패션 철학을 표현한다죠? 그 넥타이 철학이 난 참 마음에 드네요."라고 말하라. 밋밋한 넥타이 칭찬이 훌륭한 관심 칭찬으로 바뀌는 순간, 상대는 당신의 칭찬 센스에 감탄할 것이다.

하지만 요즘은, 특히 직장에서는 외모에 대한 칭찬이 성희롱으로 오해할 수도 있기 때문에 조심해야 한다.

만약 패션 센스라곤 전혀 없는 사람과 함께 있다면 어떻게 해야 할까? 아무리 살펴봐도 옷차림, 화장, 액세서리 취향 등 어느 하나 칭찬할 거리가 없다. 하지만 걱정할 거 없다. 그런 경우에는 다른 걸 찾아보면 된다. 그 사람이 갖고 있는 물건을 살펴보자. 그의 집, 고급 만년필, 새 차, 정 없으면 커피 잔이라도 상관없다. 중요한 건 영혼 없는 칭찬이 아니라 관심 대상을 예술적으로 칭찬한다.

"집이 참 좋네요!"라는 흔한 칭찬 대신 "집이 참 멋지네요. 사진 찍어서 인스타에 올리고 싶을 정도예요. 독특한 인테리어 덕분에 집이 전체적으로 색채감 있고 따뜻해요. 인테리어 감각이 남다르신가 봐요."라고 말하면 칭찬도 예술이 된다.

"커피 잔이 예쁘네요."라고 말하는 대신 "커피 잔이 예쁘네요. 인도네시아 수마트라 풍 그림이 커피 향을 더 풍부하게 해주는 느낌이에요. 게다가 대형 머그잖아요!"라고 말하라. 당신의 섬세한 관찰력과 표현력이 돋보이는 건 덤이다.

마지막으로 아주 중요한 사실 하나는 다른 사람의 행동을 칭찬하는 경우다. 특히 아이들과 대화할 때는 최상의 방법이다. 아이들이 뭔가 잘못했을 때 주의를 주는 것보다 긍정적인 행동을 칭찬하는 게 훨씬 효과적이다. 아이들과의 소통을 늘리고 유대감을 강화하는 데도 이보다 좋은 방법은 없다. 물론 행동에 대한 칭찬은 아이들에게만 효과적인 게 아니다. 어른들도 이런 칭찬에는 진심으로 마음을 열게 된다.

어느 날 한 공인중개사가 이제껏 가장 힘든 하루를 보냈던 이야기를 내게 해주었다.

"어느 일요일이었어요. 어떤 부부에게 마침한 집을 찾아주기 위해 그들을 차에 태우고 집을 보여주러 돌아다녔어요. 그들은 아주 까다로운 고객이었어요. 이 집은 이래서 싫고, 저 집은 저래서 싫다는 식이었죠. 나는 차를 몰고 도시 전체를 돌며 30채도 넘는 집을 부부에게 보여주었어요. 주택가는 물론이고 나중에는 교외 지역까지 샅샅이 뒤지다 보니 거의 6시간이 걸렸어요. 그런데도 그들은 마음에 드는 집을 찾지 못했어요.

마침내 우리는 모두 할 말을 잃었어요. 나는 지칠 대로 지쳐있었고 부부는 미안해서 어쩔 줄 모르는 상태였죠. 피곤해서 머리가 멍했지만 나는 부부에게 이렇게 말했어요.

'두 분은 어떤 집을 원하는지 정확히 알고 있군요. 오늘 정말 감탄했어요. 집은 정말 신중하게 선택해야죠. 마음에 안 드는 집을 선택했다간 나중에 분명히 후회하게 될 테니까요. 오늘은 못 찾았지만 정말로 마음에 드는 집을 찾을 때까지 끝까지 찾아보시기 바랍니다. 열심히 찾아보면 분명히 있을 거예요.'

진심에서 우러난 그 칭찬 하나로 부부는 기운을 회복했어요. 우리는 그날 본 집들에 대해 활발하게 이야기를 나누었고 서로에 대해 좋은 인상을 가진 채 헤어졌어요. 비록 그날 원하는 꿈의 집을 찾지는 못했지만 말이죠."

행동을 칭찬할 때도 무엇을 잘했는지, 왜 그렇게 생각하는지 구체적으로 진심을 담아 칭찬하는 것이 중요하다.

- ✦ 회의 준비를 정말 잘해주셨어요. 덕분에 아주 매끄럽게 진행할 수 있었어요. 감사합니다.
- ✦ 성공의 절정에서 직업을 바꾸는 건 정말 큰 용기가 필요한 일일 거예요. 존경스러워요.
- ✦ 마라톤 연습을 하려고 시간을 빼두다니 의지가 정말 대단하세요. 존경스럽습니다.
- ✦ 당신처럼 긍정적인 사람과 함께 일하는 것은 참 유쾌한 일이에요.
- ✦ 아이가 있는데 집이 어쩜 이렇게 깔끔해요! 살림솜씨가 대단하세요!

다시 한 번 강조하지만 진심으로 칭찬하자. 칭찬에는 진심이 담겨 있어야 한다. 때로는 칭찬받는 것을 어색해하는 사람도 있다. 겸손해서 부인하는 것일 수도 있고, 칭찬을 돌려줘야 한다는 부담감 때문에 그럴 수도 있다. 그럴 때는 그 칭찬이 진심이라는 것만 다시 확인해주고 다른 주제로 넘어가자.

_관심 있는 척 말고 진짜 관심

소심하고 수동적인 사람을 대화에 끌어들이는 방법은 또 있다. 그에게 질문을 던져서 대화의 공을 넘겨주면 된다. 어색한 분위기를 누그러뜨리는 질문에 다음 4가지 유형의 질문을 덧붙이면 효과적이다.

가족	가족 얘기 좀 해주실래요?
	가족들이 모두 그곳에 사세요?
	가족이 함께하는 활동이 있어요?
	아이들과 많이 놀아주시나요?
직업	어떻게 이 일을 하게 됐어요?
	그런 아이디어를 떠올리게 된 계기가 있었나요?
	지금 하고 있는 일의 가장 어려운 점은 뭐예요?
	그 분야의 최신 트렌드는 뭐예요?
여유시간	어떤 운동을 하세요?
	한가할 때는 뭘 하세요?
	가장 재밌었던 여행은 언제였나요?
	휴가 때는 주로 뭘 하세요?

그 외   가장 최근에 본 영화가 뭐예요?

그 뉴스 봤어요? 어떻게 생각하세요?

추천해주실 만한 책 있어요?

요즘 관심사가 뭐예요?

사실 대화를 할 때 주제가 크게 중요한 건 아니다. 무슨 주제로 대화를 하든 가장 중요한 건 진심이다. 상대에게 진심으로 관심을 갖지 않는다면 아무리 많이 준비해도 소용없다. 관심은 절대로 꾸며낼 수 있는 것이 아니다. 그러니 마지못해 관심 있는 척하지 말고 상대에게 진심으로 열정적으로 관심을 가져라.

각개 격파

이제 이 책을 절반쯤 읽었으니 당신은 스몰토크라는 대화 기술에 제법 익숙해졌을 것이다. 서문으로 돌아가서 '스몰토크 체크 리스트'를 다시 한 번 살펴보자. 처음에 표시했던 것과 비교해보고 그동안 무엇이 달라졌는지, 얼마나 나아졌는지 점검해보자.

자, 뭐가 달라졌는가?

아마 당신도 나처럼 아직 해야 할 일들이 남아 있을 것이다. 습관을 바꾸려면 엄청난 노력과 연습이 필요하기 때문이다.

좋다! 이제 진짜 실전이다!

이제 당신이 이루고 싶은 것 중에 가장 쉬운 것을 하나만 골라 종이에 적어라. 그리고 익숙해질 때까지 그 한 가지 목표에 집중하라. 다음 목표는 지금 목표를 이룬 다음으로 미루는 것이 핵심이다. 집중하면 성공하는 데 오래 걸리지 않을 것이다. 규칙은 간단하다.

첫 번째 목표는 '일주일에 적어도 새로운 사람을 3명 만나 대화를 시작한다'처럼 간단하고 쉬운 목표를 정하는 게 좋다. 마트 계산대에서 줄 서 있는 동안에도, 출근길에도 수많은 낯선 이들과 마주칠 기회는 얼마든지 있다. 꾸준히 연습해보면 금방 익숙해질 것이다.

말의 힘은
확신에서 나온다

늘 그런 건 아니지만 공격적인 대화 기술이 꼭 필요할 때가 있는데, 말의 힘은 확신에서 나오기 때문이다. 그러므로 소극적인 단어보다는 확신에 찬 언어를 사용할 필요가 있다. 우리는 말을 참 모호하게 하는 경향이 있는데, 그런 말 속에는 변명과 망설임의 느낌이 있다. "내일까지 연락해주면 좋겠어요."라는 말은 크게 기대하지는 않는다는 것을 인정하는 것이다. 물론 우리는 절대로 그런 뜻으로 말한 게 아니라 해도 우리가 선택한 단어들은 전혀 다른 메시지를 전달할 수 있다.

특정한 표현과 문장, 질문들의 사소한 오류 때문에 대화가 원하지 않는 방향으로 끌려가지 않도록 조심하자. 다음의 예시를 읽고 자신의 언어습관을 확인해보자.

✦ **"언제까지 될까요?"**

이건 대화의 주도권을 상대에게 주는 질문이다.

"다음 주 화요일까지 될까요?"라고 물어라.

✦ **"잠깐만 실례해도 될까요? 질문 하나만 하고 싶은데요?"**

실례는 이미 했다! 바쁜 사람을 방해하고 싶지 않다면, 그냥 바로 질문하라.

"실례지만, …?"이라고 바로 질문하라.

✦ **"그건 다른 사람에게 물어봐야 할 것 같은데요."**

다른 사람? 그럼 당신은 아무 것도 아닌가?

"회계과에 확인해보고 연락드리겠습니다."라고 말하라.

✦ **"솔직히 말해서, 오늘 즐거웠어!"**

그럼 다른 때는 늘 솔직하지 않았다는 말인가?

"오늘 즐거웠어!" 그냥 이렇게 말해라.

✦ **"만약에 제가 …를 찾게 되면,"**

만약이라는 단어는 기대감을 낮춘다. 기대감을 높여라. 자신감을 보여줘라.

"확인해보고 연락할게요."라고 말하라.

✦ **"저는 잘 모릅니다."**

스스로를 비하하지 마라. 당신이 하고 있는 일의 전문성을 분명
히 밝혀라.

"저는 웹사이트 담당자입니다. 고객님의 주문에 대해서는 영업
부에서 확인해드릴 겁니다."라고 말하라.

✦ **"오늘 아침에는 만날 수 없을 것 같습니다."**

이 말은 적극적으로 만날 의사가 없다는 느낌 또는 부담스럽다
는 느낌을 준다. 어떤 경우든 할 수 있는 것을 말하고, 할 수 없
는 것은 말하지 마라.

"오늘 오후 3시에 만날 수 있습니다."라고 말하라.

✦ **"이번 주 내로 다시 연락드리도록 노력하겠습니다."**

노력하겠다는 말 속에는 그리 신뢰할 만한 것이 아니라는 암시
가 들어 있다.

"이번 주 내에 연락드리겠습니다."라고 말하라.

✦ **"남편과 의논해봐야 할 것 같습니다."**

혼자서는 결정할 수 없다는 뜻인가?

"남편과 의논해보고 연락드리겠습니다."라고 말하라.

✦ **"내일 전화하셔야 할 것 같습니다. 지금 바쁜 시간이라서요."**

이 말은 당신이 나에게 지시를 하고 있고, 이미 짐이 많은 나에게 또 다른 짐을 주는 것이며, 나는 누가 나에게 이래라 저래라 하는 것이 싫다는 느낌을 준다.

"내일 연락주시면 바로 처리해 드리겠습니다."라고 말하라.

✦ **"확실하지는 않지만…"**

아니, 확실하다. 잘 모르는 게 확실하지 않은가?

"제니퍼가 이 근처의 길을 잘 아니까 그녀에게 물어보세요."라고 말하라.

✦ **"이름을 여쭤봐도 될까요?"**

이름을 묻는 걸 허락받을 필요는 없다!

"이름이 뭐예요?"라고 그냥 물어라.

우리는 우리가 내뱉은 말 그대로의 사람이다. 그리고 단어는 우리의 영혼을 보여주는 창이다. 우리가 선택한 단어들이 우리 내면의 힘을 보여준다는 것을 기억하자.

대화 살인자들을
조심하라

미국 여기저기를 여행하면서 스몰토크 세미나를 하다 보니 요즈음 치명적인 흉기처럼 날카로운 대화 폭력이 늘어나고 있는 것을 보게 된다. 나도 이런 대화 폭력을 몇 번 당한 적이 있는데 그런 공격자들은 무장단체처럼 위험하다. 그들과 대화를 하다 보면 아주 고통스러운 상황에 맞닥뜨릴 수 있다. 그것은 마치 살인의 추억처럼 무시무시하다. 조심하라! 그들은 대개 아주 교묘하게 위장하고 있다. 그들은 같은 상황에서도 다양한 반응을 보이고, 온갖 직업으로 변장한다. 만약 지금 위험하다고 느낀다면, 일단 침착하게 그들이 무슨 짓을 하는지 지켜보라. 최악의 범죄자들은 늘 우리 등 뒤에서 우리를 거울로 비춰보며 기회를 노리고 있다는 것을 잊지 마라.

대화 속에서 벌어지는 범죄를 예방하려면 더욱 적극적인 대처가 필요하다. 나는 이러한 현상을 광범위하게 조사했고, 말로 상대방을 죽이는 대화 살인자들을 8가지 유형으로 분류했다. 여러분도 일상적인 대화에서 대화 범죄자 수배 명단에 자신의 이름이 추가되지 않도록 주의해야 한다. 자, 정직하게 대화하는 사람들을 위한 대화 범죄자 퇴치 방법이 여기 있다.

_유형 1. FBI 요원

FBI 요원은 일상적인 대화에서조차 집요하게 심문하는 방식으로 사람들을 몰아부친다. 그들은 마치 정글 속에서 쏘아대는 기관총처럼 연달아 질문을 퍼붓기 때문에 그들의 정체를 파악하는 건 전혀 어렵지 않다.

직업이 뭐예요? 그 일을 한 지는 얼마나 됐어요? 고향이 어디예요? 결혼했어요? 아이는 있어요? 아이가 몇이에요? 여기 산 지 얼마나 됐어요? 누구랑 살아요? 등등….

FBI 요원은 상대에게 끝없이 질문 공세를 퍼부으며 가차 없이 공격한다. 그는 포로에게 자백할 기회조차 주지 않는다. 포로는 자세히 설명할 수도 없고, 추가적인 증거를 제시하거나 변명할 수도 없다. 더더군다나 질문은 꿈도 못 꾼다. 심지어 물 한 잔 마실 시간도 허용하지 않는다.

이 상황을 극복하기 위해 어디로 전화를 걸거나 변호사를 선임할 생각은 아예 버려라. 포로는 단지 심문자의 질문 속도에 맞춰 짧게 단답형으로 대답해야 한다. 심문자는 제멋대로 포로를 구금하고, 심문을 마치는 순간 무자비하게 포로를 팽개친 뒤 다른 용의자를 체포하기 위해 이동한다.

심문하는 식의 이런 대화를 좋아할 사람은 아무도 없다. 심지어 당사자인 FBI 요원조차 그런 대화 방식에 만족하지 못한다. 그렇다면 FBI 요원의 가장 큰 문제는 뭘까? 상대가 단답형 대답을 할 수밖에 없도록 질문하는 것이다. 상대의 마음을 열려면 적절하고 깊이 있는 질문을 해야 한다. 그가 만약 포로에게 마음을 열고 답변할 분위기를 만들어주었다면 포로는 많은 정보를 술술 토해냈을 테고, 그러면 행위의 동기, 알리바이, 기회, 배경 정보까지 밝혀낼 수 있을 텐데 말이다.

FBI 요원은 자신에 대해서는 아무 것도 말하지 않기 때문에 상대의 정보를 얻을 수 있는 좋은 기회를 얻지 못한다. 먼저 경계심을 풀고, 상대의 마음을 편하게 해주면서 일방적 심문 형식에서 상호 대화로 바꾸어야 한다.

FBI 요원은 긴장된 분위기를 조성하는 것이 특징이다. 그들이 대화 방법을 개선하도록 도와줘라. 그에게 개방형 질문을 하도록 유도하고 사람의 마음을 깊이 파고드는 언어적 신호를 충분히 활용하라. 예를 들어, 상대에게 직업이 무엇이냐고 물어볼 때 그런

종류의 일은 어떤 일들과 연관되어 있는지, 어떻게 그 일을 하게 되었는지 진심으로 관심을 갖는 것이다. 상대를 편안하게 해주면 그 사람도 자연스럽게 대화 속도를 늦출 것이고 차츰 자연스럽게 대화의 공을 앞으로, 뒤로 패스하며 심지어 발리슛까지 하게 될 것이다.

_유형 2. 뻥돌이

뻥돌이는 나타났다 하면 모든 대화를 대량 살상해버리는 유형이다. 특히 자기 이야기를 할 때 그런 성향이 두드러진다. 그들은 한마디로 과대포장의 명수다. 자기 업적을 자랑하고 사실을 과장하며 별것도 아닌 허접한 재주들을 떠벌린다. 무슨 일이든 익명으로 하는 일은 절대로 없다. 그들의 목표는 모든 사람들의 눈에 띄는 것이고, 자기 지위나 신분을 과시하며 존재감을 얻는 것이기 때문이다. 그들은 주로 사람들이 많이 모여 있는 곳만 찾아다닌다. 그리고 사람들이 많을수록 그의 허세도 더욱 커진다.

뻥돌이는 사람들의 대화를 끊어버리는 선수다. 그가 나타나는 순간 모든 대화는 몰살당하고 만다. 그의 특징은 모든 일을 자신의 업적으로 귀결시킨다는 것이다. 주식으로 큰돈을 벌었다면, 자기가 얼마나 탁월한 안목으로 얼마나 큰 장타를 날려 쟁쟁한 금융전문가들을 어떻게 앞질렀는지 입이 닳도록 자랑하는 식이다. 그러면서도 누가 구체적으로 물어보면 딴청을 부리며 자세한 이야기는 피한다. 이 세상에서 나보다 잘난 사람은 없다는 자만심으로 가득한 사람들이다.

뻥순이도 뻥돌이 못지않게 치명적이다. 그녀에게는 특별한 자기 자랑 기술이 있다. 가까운 사람들에게 자랑거리를 떠벌려 그들이 소문을 퍼뜨리게 하는 것이다. 그녀가 낯선 사람에게 직접 자신의 위대함을 말하는 법은 없다. 낯선 사람들은 그녀와 직접 인사를 나누지 않고도 자연스럽게 영향을 받게 되어 있다. 예를 들어 그녀는 가까운 사람들에게 새로 구입한 시스템 키친이 얼마나 훌륭한지, 가격이 얼마나 비싼지 조용히 말한다. 또는 프랑스 리비에라 해변에서 얼마나 굉장한 휴가를 보냈는지, 심지어 자기가 이용한 여행사 이름까지 언급하며 그들에게 부러움과 동경을 심어 주는 것이다.

뻥돌이와 뻥순이의 대화 살인을 막을 수 있는 유일한 방법은 화제를 돌리는 것뿐이다. 그들과 대화하면서 그들의 자기자랑을 피하는 것은 불가능하기 때문에 정면으로 맞서는 것은 아무 의미가 없다. 요즈음 이슈가 되고 있는 시사 문제나 일반적인 주제로 화제를 돌려라. 당신이 현재 하고 있는 일이나 겪고 있는 일 등에 대해 이야기하는 것도 좋다. 그들과 대화할 때 당신이 가진 유일한 무기는 화제를 바꾸는 것뿐이다.

_유형 3. 허풍쟁이

뻥돌이와 뻥순이의 사촌인 허풍쟁이는 아주 오래 전부터 우리를 괴롭혀 온 대화 범죄자들이다. 이런 사람들은 대부분 가부장적 분위기에서 성장하여 내면이 억압되어 있는 경우가 많다. 이들은 다른 사람들을 말로 죽이는 성향이 약간 다르다. 자기 자랑을 먼저 늘어놓지는 않지만 누가 무슨 이야기를 해도 늘 그보다 능가한다. 그리고 남의 얘기를 살짝 바꿔서 자기 얘기로 만들어버린다.

그들은 끊임없이 남의 이야기에 끼어들어 남의 말을 잘라 먹으면서도 그런 행동이 다른 대화자들을 불쾌하게 한다는 것을 전혀 모른다. 오히려 그들은 자기가 끼어드는 것을 피자에 토핑을 얹듯 말을 덧붙이고 맞장구치는 센스로 생각하며, 자기가 탁월한 경청 기술을 갖고 있다고 믿는다.

얼마 전에 친구들 모임이 있었다. 나는 브라이언이 요즘 실직해서 다시 직장을 구하는 중이라는 사실을 알고 있었기 때문에 그에게 직장을 구했는지 걱정스럽게 물었다. 모두의 관심이 쏠렸다. 그런데 브라이언이 이야기를 시작하자마자 존이 끼어들었다. 몇 년 전에 자기도 실직한 적이 있었는데 그때 일자리를 구하느라 얼마나 힘들었는지 모른다며 그때 경험한 일을 한참이나 떠들고 나서, 정작 취직했더니 차라리 실업자 신세가 나은 것 같다며 직장생활의 어려움을 시시콜콜 늘어놓았다.

그러자 친구들은 각자 자기 직장에서 일어나고 있는 온갖 힘든 일들에 대해 난투극 벌이듯 떠들어대기 시작했다. 어느새 브라이언의 구직 이야기는 까맣게 잊히고 말았다. 브라이언은 자기 고민을 꺼내보지도 못했고, 친구들의 공감도, 위로도, 해결책도 얻지 못했다. 브라이언은 친구들 중에 진심으로 자기를 걱정하는 사람은 아무도 없다고 느꼈고 그 느낌은 그대로 마음의 상처로 남았다. 한두 친구가 형식적인 격려의 말을 했지만 진심으로 느껴지지 않았다. 그 모든 불상사는 브라이언에 대한 친구들의 관심을 존이 얌체처럼 가로챘기 때문이었다.

여자들은 다른 사람의 이야기에 자신의 이야기를 토핑처럼 얹는 것에 특히 능숙하다. 어찌 보면 그건 그저 그들의 어울리는 방식일 뿐일지도 모르겠다. 예를 들어보자.

로즈가 스티븐과의 관계에서 느끼는 문제점에 대해 이야기를 시작한다. 샐리가 로즈를 동정하며 중간에서 끼어든다.

"그 말 무슨 말인지 알아. 우리 앤써니는 더 해. 정말 얼마나 뻔뻔한지…."

샐리는 로즈를 위로하는 척하지만 사실 그녀는 로즈의 문제에는 관심도 없다. 단지 그녀에게 쏟아지는 관심을 자기에게로 돌리고, 화제의 중심을 자기에게 옮겨 주인공 자리를 훔치고 싶을 뿐이다. 남의 얘기를 이렇게 중간에 가로채는 것은 분명히 대화 살인행위다.

내 비즈니스 친구인 비비안이 남자친구와 참석했던 멋진 파티 이야기를 해주었다.

"워싱턴에서 열린 부부 동반 모임이었는데 사람들이 아주 많았어. 우리와 같이 있던 커플 중에 케이시라는 여자가 있었는데 갑자기 완전 기분 상한 표정으로 이러는 거야.

'저쪽에 어떤 여자가 나랑 똑같은 옷을 입고 있어요.'

그 기분 알지? 그런데 마침 그 여자가 우리 쪽으로 오는 거야. 케이시가 그녀를 붙잡고 그 옷을 어디서 샀는지 물어보더라고. 그녀는 아주 당당하게 유명 디자이너의 이름과 명품 옷가게를 말했어. 누구나 다 아는 그 엄청 비싼 가게 말이야. 그런데 케이시가 뭐랬는지 알아? 아, 난 지금도 믿을 수가 없어.

'어머, 그래요? 난 할인매장에서 15달러에 샀는데!'

한마디로 물 먹인 거지."

특히 여자들은 자녀들에 대해 이야기하고 싶은 충동을 억제하지 못한다. 나도 때로는 다른 여자가 자기 아이 이야기를 할 때 중간에 끼어들어 내 아이 이야기를 하고 싶은 충동을 간신히 참는다. 물론 대화는 한 사람이 독주하는 것이 아니라 서로 공을 주고받는 게 원칙이지만 이야기 도중에 끼어드는 것은 이야기하는 사람을 맥 빠지게 하는 일이다. 그녀의 이야기가 공감대를 형성하는 이야기라면 내 얘기는 잠깐 접어두고 고개를 끄덕이며 들어주는 공감의 자세가 중요하다.

대화할 때 서두르는 것은 마치 고급 와인을 한입에 털어 넣는 것과 같다. 와인을 음료수처럼 마셔버리면 그 향과 맛을 느낄 수 있겠는가? 요즘은 직간접 체험의 기회가 보편화되어 있어서인지 누가 경험담을 꺼내면 흔히들 이렇게 말한다.

"나도 거기 가 봤어." 또는 "나도 그거 해 봤어."

아주 짧은 이 한마디는 상대의 이야기가 누구나 알고 있는 오래된 이야기이고, 그래서 더 들을 필요가 없다는 선언이다. 대화를 무너뜨리는 데 일가견이 있는 이런 사람들의 폭주를 멈추게 하는 것은 정말 어렵다.

린지는 좋은 사람이지만 남의 이야기를 가로채는 습관에 대해서는 도무지 죄의식을 느끼지 못한다. 누가 말할 때마다 꼭 끼어들어서 이야기를 끊고는 자기 얘기를 한다. 어느 날 주디가 남미로 휴가 갔던 이야기를 하고 있었다. 일행과 함께 아마존 강에 갔을 때, 갑자기 커다란 전갈이 나타나서 일행 중 한 여자를 물었던 대목에 이르자 린지가 끼어들었다.

"아, 맞아! 나도 그런 일 있었어. 캔자스 주에 있는 어느 강에 갔는데, 글쎄 모자만큼 커다란 거미가 나타난 거야!"

그러자 주디는 린지의 팔을 가볍게 치면서 말했다.

"린지, 지금 내 얘기 하고 있는 중이야!"

내가 얘기하고 있는데 누가 끼어들면 그대로 밀려나지 말고 주디처럼 당당하게 밀어내라!

_유형 4. 대화 독점자

대화 독점자는 세상 어디에나 있다. 그들은 변장의 달인으로 온갖 모습으로 바꿔서 대화마다 침투한다. 심지어 무척 내성적이고 부끄럼을 많이 타는 사람조차 대화 독점자가 될 수 있다는 사실을 알고 사람들은 큰 충격을 받기도 한다. 그들은 대담하고 공격적인 말로 대화를 장악한다. 그들은 어떠한 대화에도 끼어들 준비가 되어 있고, 누가 미처 저항할 태세를 갖추기 전에 교묘하게 말을 가로채 대화를 통제한다.

대화 독점형 범죄는 누구나 한 번쯤은 경험했을 것이다. 그런데도 사람들은 처음에는 그들의 현란한 대화 기술에 사로잡혀서, 중간에는 감히 말을 끊을 용기가 없어서 그들에게 질질 끌려간다. 대화 독점자들은 사람들의 관심을 즐긴다. 다른 사람들이 불편을 느끼든 말든 그들은 양파 껍질을 한 겹씩 벗기는 방식으로 사람들의 관심을 붙잡아둔다.

그들은 자기 정당화에도 달인이다. 자기가 가진 풍부한 경험과 달변을 사람들이 좋아할 것이라 믿는 것은 물론이고, 대화의 공을 주변 사람들에게 패스하지 않고 혼자 굴리는 것이 심지어 사회봉사라 믿을 정도다. 이제 막 사람들의 관심을 즐기기 시작한 경우, 특히 소심하고 내성적인 사람이 그런 경우에는 그야말로 최악의 대화 독점자가 될 가능성이 높다.

우리는 어떤 경우에도 대화의 공을 독점해서는 안 된다. 대화를 할 때는 늘 신경 써서 다른 사람에게 공을 패스해야 한다.

그래서 나는 5분 이상 혼자 이야기하지 않겠다는 개인적인 규칙을 세워두고 있다. 누구나 다 느끼는 일이겠지만 내가 이야기를 할 때는 시간이 정말 어찌나 빠르게 지나가는지! 체중을 32킬로그램이나 뺀 비결이든, 사업을 시작하게 된 계기든, 또는 내 아이들이 얼마나 잘났든, 주제가 무엇이든 상관없이 시간은 후딱 지나가 버린다. 하지만 내게 주어진 5분이 지나면 아무리 아쉬워도 나는 적절한 질문이나 의견과 함께 다른 사람에게 대화의 공을 넘긴다.

대화를 독점하는 사람들은 골프 동호회나 친인척들 속에만 있는 건 아니다. 만일 당신이 그런 사람과 단 둘이 있다면 그 상황에서 벗어날 수 있는 방법이 몇 가지 있다. 물론 상대가 상사나 고객, 시어머니라면 그냥 항복하고 잘 들어주는 것이 좋겠지만 말이다. 아무튼 그런 경우에는 가끔 화제를 바꾸거나 지금 그런 상황에서 자기 기분이 어떤지 이야기하는 것이 좋다. 또는 준비된 질문을 해서 가끔씩 상대의 말을 끊어주는 것도 대화의 주도권을 빼앗기지 않는 방법이다.

사실 대화 독점자를 멈추게 하는 것은 불가능하다. 그리고 다른 사람을 내가 바꿀 수도 없다. 직장 동료나 가족 가운데 혹시 그런 사람이 있다면 포기하고, 친절을 베푸는 셈치고 그냥 들어주는 게 좋을 수도 있다.

물론 그들을 효과적으로 멈추게 할 수 있는 방법이 전혀 없는 건 아니다. 인내심이 한계에 달했을 때 경고의 의미로 백기를 던지는 방법을 써보는 것도 좋다. 카레이서들이 시간 제한을 나타내는 백기를 갖고 있는 것처럼 당신도 합법적으로 대화 독점자에게 백기를 던지는 것이다.

예를 들어, 당신 사무실에 친구 게리가 찾아와서 골프 게임 이야기를 시작한다. 당신은 일하는 중이라 시간도 없고 관심도 없고 이야기를 들을 생각도 없다. 그럴 때 당신은 백기를 던져야 한다.

"와, 게리, 정말 대단하구나. 그런데 오늘은 골프 얘기를 들을 시간이 없어. 몇 분 뒤에 예산안 준비하러 가야 하거든."

이렇게 백기를 던짐으로써 당신은 곧 대화를 끝마쳐야 한다는 신호를 정중하게 준 것이다. 그런데도 게리가 12번 홀과 13번 홀에서 얼마나 멋진 샷을 날렸는지 4분이나 더 이야기한다면 이제 결정타를 날려야 한다.

"그래, 게리, 정말 대단해. 그런데 나는 지금 예산안을 준비해야 해. 다음에 다시 이야기하자."

훌륭한 마무리 아닌가? 이제 당신은 걱정 없이 예산안 준비를 할 수 있다. 당신은 품위 있고 친절하게 대화를 끝낸 것이다.

만일 3명 이상이 모인 경우라면, 주도적으로 대화를 이끌어가라. 종종 대학 친구들과 만나 저녁 시간을 보낼 때가 있다. 그 중 대화 독점자로 악명 높은 내 친구 로리는 대화를 독점하는 능력이

가히 전설적이다. 직업의식 탓인지는 몰라도 나는 늘 그 애에게서 대화의 공을 빼앗아 다른 사람에게 패스할 의무감을 느낀다. 그래서 그 애가 이야기를 시작한 지 5분이 지나면 반드시 끼어들어 다른 친구에게 대화의 공을 넘긴다.

"로리, 아담이 연속 안타를 쳤다니 정말 대단하구나. 메릴린, 네 아이들은 어떻게 지내?"

이렇게 로리의 아들 이야기를 자연스럽게 메릴린 아이들의 이야기로 연결시키는 식으로 계속 대화를 이어가다 보니 로리도 어느새 대화를 독점하는 것이 다른 모든 사람들에게는 비호감이라는 걸 깨닫기 시작했고 덕분에 우리는 천천히 대화의 균형을 회복하는 데 성공했다.

조 아저씨도 회계사라는 일에 대해 끝도 없이 불평을 늘어놓는 사람이기 때문에 대화의 공을 다른 사람에게 옮겨주는 것이 필요하다.

"그렇긴 하죠, 아저씨. 그런데 래리, 네 일은 좀 어때?"

기억하라! 당신의 목표는 대화 독점자에게서 마이크를 빼앗을 뿐만 아니라 다른 사람들을 대화에 참여시키는 것이다. 특히 조용한 사람들한테는 질문을 하거나 의견을 제시해서 대화로 끌어들여라. 대화를 독점하려는 사람이 없을 때도 대화의 공은 모두에게 골고루 패스되어야 한다.

_유형 5. 꼭껴씨

시도 때도 없이 모든 대화에 끼어들어 참견하는 꼭껴씨를 조심하라! 낄끼빠빠 센스라곤 전혀 없는 악당 꼭껴씨는 다양한 모습으로 온갖 장소에 나타난다. 나는 가끔 그들이 어렸을 때 말하려고 할 때마다 제지를 받았던 게 아닐까, 그래서 사회에 보복하는 게 아닐까, 하는 생각이 든다. 전과자인 꼭껴씨의 특징은 엄청난 추진력과 강력하게 자기주장을 하는 반면 인내심이 부족하다.

솔직히 나도 전에는 그런 사람이었다. 나는 시도 때도 없이 남편의 말에 끼어든 죄로 유죄 판결을 받았다. 그리고 한동안 보호관찰 대상이 되었다가 결국 삼진아웃 되고 말았다. 내 남편은 매우 신중하고 과묵한 사람이었다. 그는 내가 그의 말을 끊고 끼어들 때마다 무척 불안해했다. 하지만 내 성격을 이해하려고 애쓰면서 굳이 맞서지 않고 그냥 넘어갔다. 하지만 그런 일이 반복되자 결국 참았던 분노가 한꺼번에 폭발하고 말았다.

그는 이야기할 때 늘 이론적 설명을 덧붙이는 버릇이 있었다. 나는 그의 말에 동의할 수 없을 때마다 가차 없이 끼어들어 말을 잘랐다. 고작 3분만 들어주면 되는데 그걸 못 참았다. 대부분의 꼭껴씨들도 나와 비슷할 것이다. 상대가 무슨 말을 하는지 벌써 안다고 생각하기 때문에, 또는 상대의 말 중에 틀린 부분을 얼른 고쳐주기 위해서 성급하게 말을 끊고 끼어드는 것이다.

이혼을 경험한 뒤에 나는 주의력과 인내심이 부족한 내 성격을 직시하게 되었고, 대화에 끼어드는 것이 의사소통을 방해하고 결국 단절로 이어진다는 것을 깨달았다. 그래서 지금 상대의 말을 끝까지 듣는 습관을 기르자는 캠페인을 하고 있는 것이다.

상대의 말을 끊어도 좋은 때는 딱 3가지 경우뿐이다.

첫째, 당신이 곧 가야 할 때.

둘째, 대화의 주제가 너무 거북해서 다른 주제로 바꿔야 할 때.

셋째, 대화 독점자와 함께 있을 때.

_유형 6. 단답형

말 많고 말 잘하는 앞의 5가지 유형과는 반대로 단답형은 대화에 서툰 사람들이다. 그들은 대화 기술도 형편없는 데다가 일반적인 대화 규칙을 거부함으로써 대화를 몰살시킨다. 심지어 개방형 질문조차 그들은 교활한 마술사처럼 단답형으로 바꿔 대화를 단절시킨다. "이번 주말에는 뭘 했어요?"라는 열린 질문에 "아무것도 안 했어요."라고 대답하는 식이다. 그냥 아무 거나 한두 가지만 말해주면 다음 대화로 자연스럽게 이어질 수 있는데 여지없이, 단호하게 대화의 불씨를 죽여버리는 것이다. 실제로 이들은 다른 사람들과 잘 어울리지 못한다. 대화의 규칙을 무시하고, 입을 삐죽거리다가 예고도 없이 대화라는 경기를 끝내버린다.

낯선 사람들로 가득한 칵테일 파티에서 어떤 신사가 단답형 그녀에게 다가온다. 그는 자기소개를 하고 나서 그녀에게 묻는다.

"무슨 일 하세요?"

그녀는 스몰토크 게임을 원하지 않는다.

"그쪽은 무슨 일 하세요?"

그녀가 답한다.

마치 '이하동문'이라고 말하는 것 같지 않은가? "귀찮으니까 꺼져."라는 빈정거림과 뭐가 다른가? 그런 사람들은 대개 대화하는 방법을 제대로 배운 적이 없다. 그런 의미에서 보면 단답형은 대화 훈련 프로그램을 통해 구제될 가능성이 아주 높다. 그러니 단답형 친구와 대화할 때는 그들이 폐쇄형 질문을 해도 개방형 질문인 것처럼 대답해서 그들을 도와라.

"주말 잘 지냈어?"라는 인사치레에도, "애들 데리고 스키 타러 갔었는데 완벽한 날이었어. 마이크가 좀 심하게 넘어져서 걱정했는데 이젠 괜찮아."라고 대답하는 것이다. 이런 식으로 당신의 정보를 노출하여 거리를 좁히고 대화를 만들어갈 재료를 주면 아무리 대화 기술이 형편없는 친구라도 그냥 넘어가긴 어려울 것이다. 단답형 친구와 대화할 때 한 가지 주의할 점은 내가 대화 독점자가 되기 쉽다는 점이다. 그럴수록 말을 절제하고 다른 사람에게 계속 대화의 공을 던져라. 대화에 도움이 될 정보를 제공하되, 쇼의 주인공 자리를 훔치지 않도록 주의해야 한다.

_유형 7. 다알아씨

이 고약한 범죄자들은 전지전능자 같은 표정으로 상대를 깎아내린다. 그들은 모든 것을 알고 있는 것처럼 말한다. 주식 시장이 폭락할지, 차기 대선에서 누가 이길지, 이번 겨울이 얼마나 잔혹하게 추울지 그들은 다 안다. 그들이 모르는 일은 이 세상에 없다. 그들은 항상 옳기 때문에 다른 사람의 의견은 들으려 하지 않는다. 그들이 상대를 말로 죽일 때는 인정사정없다. 그들은 몇 초 안에 모임 전체를 침묵시킬 수 있다. 왜냐하면 그 누구도 모든 것을 알고 있는 사람에게 맞섰다가 창피를 당할 위험을 무릅쓰고 싶어 하지 않기 때문이다. 자기만 옳다고 생각하는 사람을 조심하라. 다른 사람의 의견에 전혀 관심 없는 사람을 조심하라.

만일 당신 역시 자기 의견을 주장하고 과시하고 싶은 충동이 강한 사람이라면 스스로 경계하고 조심해야 한다. 다알아씨 같은 범죄자가 되고 싶지 않다면 의견을 제시하기 전에 반드시 개인적인 의견일 뿐이라고 분명히 밝혀라. 그리고 의견을 제시하고 난 다음에는 반드시 이렇게 물어라.

"어떻게 생각하세요?"

"다른 의견 있으세요?"

_유형 8. 조언자

조언자는 범죄 현장에 늘 자신의 명함을 놓고 가는 타입이다. 모든 사람들의 문제에 일일이 참견하며 끝없는 해결책을 제시한다. 그들은 모든 것을 해결할 수 있다. 심지어 당신이 해결책을 원하지 않을 때에도 말이다! 그들은 요청하지도 않은 조언을 언제나 친절하게 공짜로 제공한다. 하지만 그 관대한 천성에도 불구하고, 충고 잘하는 사람은 사회에서 환영받지 못한다. 그런 사람들은 완벽한 대화에 끼어들어 참견함으로써 대화를 죽이기 때문이다. 사실 대부분의 사람들이 원하는 것은 단지 공감과 위로일 뿐, 충고나 조언이 절대 아니다. 그런데도 조언자는 백마 탄 영웅의 모습으로 나타나 세상을 구하겠다고 덤벼든다. 딜레마에 빠진 다른 사람의 이야기를 단편적으로 듣고도 마치 그 문제에 대해 아주 잘 알고 있는 것처럼 완벽한 해결책을 제시한다. 사실 누군가에게 진짜로 도움이 되는 조언을 하려면 훨씬 더 깊이 알아보고 생각해봐야 하는 게 마땅할 텐데 말이다.

사실 조언자는 대부분 무척 매력적인 사람들이다. 얼핏 보면 그들은 긍정적이고 자신감 넘치고 늘 남의 일에 발 벗고 나서기 때문이다. 하지만 그런 성향이 오히려 그들을 교활하게 만들기도 한다. 사실 나도 한때는 조언자였는데, 그것을 깨달은 순간 너무 창피해서 자제하기 시작했다.

얼마 전에 친구 빌과 점심을 먹은 적이 있었다. 그는 의료기 공급 회사의 영업부에서 영업사원으로 일하다가 최근에 영업과장으로 승진했다. 식사를 하는 동안 그는 새로 맡은 업무에 대해서 이야기했다. 승진한 이후부터 판매 실적이 제자리걸음을 하고 있고 도무지 나아질 기미가 보이지 않아서 몹시 실망스럽다는 내용이었다. 나는 생각나는 모든 해결책들을 그에게 제시했다.

"성공하려면 무조건 많이 팔아야 해. 팔고 팔고 또 팔아야 되는 거지. 회사에서는 무조건 눈에 보이는 실적이 있어야 된다고. 사람들이 문을 열어줄 때까지 계속 문을 두드려."

하지만 빌은 나의 조언이나 충고가 필요했던 것이 아니었다. 그는 단지 자기가 현재 겪고 있는 어려움, 승진의 부담감을 말하고 내가 공감해주기를 바랐을 뿐이었는데 내가 잘난 척하고 떠든 것이다. 그건 분명히 주제넘은 짓이었다. 그때 내가 조용히 빌의 이야기를 들어주기만 했으면 좋았을 것을. 그것만으로 그는 충분히 위로받았을 것이다. 우리는 일상에서 이런 실수를 많이 한다. 이제 같은 실수를 반복하는 바보짓은 그만 두자. 상대의 말에 귀 기울여주자. 그것이 가장 큰 선물이라는 것을 기억하자. 충고나 조언은 그들이 부탁할 때만 주는 게 맞다.

조언자들 또한 세상 어디에나 있다. 콜로라도의 스키장에서도 조언자를 만난 적이 있다. 그때 나는 스키 강사들을 위한 스몰토크 세미나에서 강의하기 위해 베일의 스키장에 갔었다. 스키 강사들에게는 어떤 식의 스몰토크가 필요할지 경험해보려고 고소공포증을 무릅쓰고 스키 강습을 받았다.

나는 앨라배마에서 온 가족과 한 팀이 되었다. 그 가족은 눈을 태어나서 처음 본다며 엄청 들떠 있었다. 강습이 얼마간 진행되었을 때 강사가 나에게 스키를 너무 조심스럽게 탄다고 말했다. 눈을 처음 보는 앨라배마 가족보다 더 조심스럽다면서 말이다. 강사는 내 팔다리 근육이 약한 게 틀림없다며 근육 강화 운동을 시키려고 했다.

여기서 진짜 문제는 그 강사가 나에 대해 잘 알지도 못하면서, 내 문제를 진단하고 판단하고 조언까지 했다는 것이다. 내가 얼마나 열성적으로 달리기 운동을 하는지 알지도 못하면서 말이다. 내 근육에는 아무 문제가 없었다. 단지 해발 2,000미터가 넘는 고도에 서 있다는 공포심 때문에 몸이 잘 움직이지 않았을 뿐이었다. 만약 강사가 내 진짜 문제를 알아내려고 애썼더라면 훨씬 더 효과적인 스키 강습을 해줄 수 있었을 것이다. 나에 대해 조금만 더 깊이 파고들었다면 나에 대한 그의 섣부른 분석이 완전히 틀렸다는 것을 알았을 것이다.

가장 악명 높은 조언자들 가운데 빼놓을 수 없는 사람들은 역시 의사들이다. 그들은 환자가 자초지종을 다 말하기도 전에 환자의 말을 가로막고 문제를 진단하고 판단한다. 그래서 환자가 문을 열고 진찰실을 나갈 때까지도 문제의 핵심을 파악하지 못하는 경우가 많다. 의사가 환자의 말을 처음부터 끝까지 차분하게 듣기만 해도 훨씬 훌륭한 진료가 될 것이다. 환자들은 좌절감을 덜 겪게 될 것이고 치료 효과는 훨씬 높아질 것이다! 다음 대화를 읽어보자. 혹시 익숙한가?

스티브	오늘 어땠어, 자기?
데브라	오늘 정말 힘든 하루였어.
스티브	왜? 무슨 일인데?
데브라	제안서 서류 작업이 산더미처럼 쌓여있고 내일 시애틀로 출장 가야 되는데 아직 짐을 못 챙겼거든.
스티브	그러게 내가 뭐랬어? 무조건 열심히만 하지 말고 계획적으로 치밀하게 일해야지. 제안서는 조수한테 시키고, 짐도 주말에 미리 미리 챙겨놓았어야지!
데브라	짐을 미리 챙기지 못했던 건 먼저 마무리해야 할 일이 많았기 때문이야. 그리고 이건 어디까지나 내 일이라고. 도와줄 거 아니면 참견하지 마. 내가 언제 당신 치과 진료에 대해서 참견한 적 있었어?

나는 남편에게 엄청 쏘아대고 있다. 나도 남편 못지않게 조언자처럼 굴면서 말이다.

데브라	잘 잤어, 스티브?
스티브	아, 끔찍한 밤이었어. 잠이 안 와서 뒤척이다가 한숨도 못 잤어.
데브라	스티브, 잠 안 오면 차라리 일어나서 운동을 하거나 책을 읽지 그랬어.

나는 남편이 부탁하지도 않은 조언을 해버렸다. 남편이 원했던 대답은 단지 이런 거였는데 말이다.

"아, 스티브, 정말 힘들었겠네. 따뜻한 차 한 잔 줄까?"

대화를 할 때 상대의 말을 있는 그대로 받아들이고 인정하는 것은 매우 중요한 일이다. 원치 않는 조언은 어떤 상황에서도 환영받지 못한다.

_범죄 없는 대화

이 8가지 유형의 대화 범죄자들은 어떤 대화에서도 치명적인 상처를 줄 수 있다. 물론 범죄자까지는 아니더라도 대부분의 사람들이 사소한 범죄를 저지르기 쉽다. 대화 분위기를 완전히 망쳐버릴 정도는 아니지만 좋은 분위기에 찬물 끼얹어본 경험은 다들 있을 테니까. 우리는 여러 유형의 대화 범죄에 대처할 수 있는 기술을 익혀야 하고, 도를 넘는 사람에 대해서는 극도의 주의를 기울여야 한다. 대화의 달인조차 기습공격을 당할 수 있고, 심지어 대화가 중단될 수도 있다.

사실 우리는 모두 전과 기록을 가지고 있다. 나조차도 엄격하게 자제하지 않으면 가끔 심각한 방해꾼이 되기도 한다. 테레사 수녀가 아닌 이상 우리는 모두 대화의 약점을 가지고 있기 때문에 늘 조심하지 않으면 언제라도 대화 범죄자 리스트에 오를 수 있다. 경계하라! 나도 모르게 대화 범죄자를 돕고 심지어 그들을 선동하고 있을지도 모른다.

당신에게 그런 전과 기록이 전혀 없다 하더라도, 좋은 대화 분위기를 망치는 흉악범과 어울리게 될 위험에 언제나 노출되어 있다. 그럴 땐 재빨리 도망치는 것이 가장 좋다. 그렇다고 두려워할 건 없다. 나는 당신을 위험한 상황에 놔두지 않을 것이다. 자, 여기 탈출구가 있다.

퇴장할 때도
우아하게

유죄 판결을 받은 대화 살인자를 피하려는 것이든, 아니면 걷잡을 수 없이 확대되는 대화에서 빠져나오려는 것이든, 상대방의 자존심을 다치지 않고 교묘하게 대화에서 빠져나오는 방법이 있다.

사람들이 마음먹었던 것보다 훨씬 오래 대화를 하게 되는 이유는 2가지다. 첫째, 덫에 걸렸을 때. 특히 단둘이 대화할 때 그런 경우가 많은데, 상대방에게 붙잡혀서 빠져나오지 못하는 것이다. 둘째, 대화가 너무 편안할 때. 편안하면 누구나 더 머물고 싶기 마련이니 이야기가 길어질 수밖에 없다.

마음에 맞는 사람과 재미있는 스포츠 얘기를 할 수 있는데 굳이 다른 데서 낯선 사람과 어색한 대화를 시도하다가 거절당할 위험을 무릅쓸 필요가 있을까? 하지만 중요한 회의나 사업상 모임에 참석한 경우라면 목표를 이루기 위해서라도 당신은 위험을 무릅써야 한다. 대화가 삼천포로 빠지면 용감하게 얼른 말을 끊고 물줄기를 본래의 주제로 가져와야 하고, 때가 되면 예의바르게 물러날 수 있어야 한다. 적절한 퇴장은 상대방과의 관계 발전에도 큰 도움이 된다.

대화를 끝내고 자리를 뜰 때는 상대방과 나누었던 처음 주제를 확인하고 마무리 인사를 하는 것이 좋다.

어느 대기업의 시즌 오프닝 행사에 참석했을 때 일이다. 톰과 이야기를 나누다가 나는 자리를 뜨기 전에 이렇게 말했다.

"톰, 헬스 케어 산업에 영향을 미치는 변화들에 관해 이야기할 수 있어서 참 좋았어요. 행사가 끝나기 전에 다른 고객들도 좀 만나야 해요. 의견을 말해줘서 고마워요."

그러자 톰은 기꺼이 자리에서 일어나 인사했고, 우리는 악수한 뒤 헤어졌다. 나는 고객을 만나러 갔고 톰도 자기 갈 길을 갔다.

여기서 중요한 건 내가 자리를 뜨는 이유에 대해 변명하지 않았다는 것이다. 가족 누구에게 전화를 해야 한다거나 누가 불러서 가봐야 한다고 둘러대지 않았다. "정직이 최상의 정책이다."라는 격언은 언제 어디서나 진실이다. 대화를 끝내고 떠나는 이유를 침착하고 당당하게 말하는 것이 중요하다. 말을 씹고 싶을 정도로 진저리나는 상대일지라도 떠날 때는 요령 있게 행동해야 한다. 다음은 외교적으로 우아하게 퇴장하기 좋은 말들이다.

센스 있는 퇴장 문구

+ 전시품 좀 둘러봐야겠어요.

+ 연사랑 얘기 좀 하러 가야겠어요.

+ 신입회원들을 만나서 이야기를 좀 해봐야겠어요.

+ 오늘 우리 업계에서 누가 왔는지 둘러봐야겠어요.

+ 사회자가 가기 전에 얘기를 좀 나눠봐야겠어요.

+ 오늘 이 모임에서 새로운 사람을 3명 꼭 사귀겠다고 다짐했거든요.

+ 잠재 고객들을 좀 만나보고 싶네요.

+ 이 모임에 참석한 분들에게 인사를 하고 싶어요.

이런 문구들은 대화를 하다가 자리를 떠나야 할 때 아주 효과적이다. 해야 할 일이 있어서 떠나는 것이라고 이유를 분명히 밝히고 있기 때문이다. 성취하고자 하는 다른 목적이 있다는 사실을 강조함으로써, 당신은 상대에 대한 부담을 덜 수 있고, 당신의 대화 상대 역시 당신이 자리를 뜨는 이유가 지금까지 그 사람과 보낸 시간의 질과는 아무 상관이 없다는 것을 알 수 있다.

아니면 조지 플림턴의 전략을 빌릴 수도 있다. 플림턴은 파티에 가면 늘 술잔을 2개씩 들고 다닌다고 한다. 왜냐고? 그는 돌아다니다가 혹시 피하고 싶은 상대를 만나면 이렇게 말했다고 한다.

"술잔을 다른 사람에게 갖다 줘야 해요."

어떤 방식을 쓰든 반드시 지켜야 할 규칙이 있다. 자리를 떠날 때 상대에게 말한 목적을 반드시 실행해야 한다는 것이다. 만약 조앤에게 전시품을 보러 간다고 했으면 반드시 그렇게 해야 한다. 그것은 반드시 지켜야 할 기본 규칙이자 에티켓이다. 전시품을 보러 간다고 해놓고 다른 일을 하는 것은 상대를 모욕하는 일이 될 수도 있기 때문이다. 예를 들어, 전시품을 보러 가는 길에 친구 빈스에게 붙잡히더라도 그대로 머물러서 이야기를 나누는 대신 이렇게 말해야 한다.

"빈스, 만나서 반가워. 나 전시품 보러 가는 길인데 같이 갈래? 아님 좀 있다 만날까?"

만약 그렇게 하지 않고 당신이 그 자리에서 빈스와 대화에 열중하는 실수를 저지른다면, 조앤이 보게 되는 상황은 당신이 전시품을 보러 가지 않았다는 사실뿐이다. 그 상황에서 조앤은 당신이 애당초 전시품을 보러 갈 생각도 없었고, 단지 자신에게서 벗어나려는 핑계였을 거라고 의심하게 될 것이다. 그녀는 당연히 화가 날 것이고 당신에 대해 불쾌한 감정을 갖게 될 것이다. 그것은 예상치 못한 커다란 결과로 이어질 수도 있다. 강을 건너기 전에 다리를 불태우는 실수를 저지르지 말자!

_비지니스 관리하기

업무와 관련된 이야기에 집중하면 무심코 대화할 때보다 훨씬 더 생산적이다. 당신은 이미 준비된 질문을 가지고 있을 것이고, 만나고자 하는 사람도 정해져 있을 것이다. 목표를 달성하기 위해 꾸준히 노력하다 보면 이 사람과의 대화에서 저 사람과의 대화로 옮겨가는 것이 자연스럽게 이어진다. 예를 들어, 지금 당신은 샐리와 15분째 이야기를 나누고 있는데 칵테일 파티가 끝나기 전에 다른 사람들을 만나러 가야 한다면 당신은 이렇게 말할 수 있다.

"샐리, 내 컴퓨터 그래픽 카드가 잘 작동하지 않는 것 같아. 여기 있는 사람들 중에 PC 잘 다루는 사람 있니?"

그러면 샐리는 그런 사람을 소개해주거나 모른다고 말할 것이다. 어느 쪽이든 당신은 깔끔하게 샐리를 떠날 수 있다. 샐리가 도와주지 못했더라도 고맙다고 인사하고 작별하면 된다. 그건 정말 쉬운 일이다. 무작정 대화를 끝내버려서 문제를 만들지 말고 당신이 해야 할 일을 이성적으로 확인하고 당신의 목표를 달성하기 위해 필요한 누군가를 추천해 달라고 부탁하라.

만약 새 일자리를 알아볼 생각으로 어떤 파티에 참석했다면 당신은 그것을 말로 표현할 필요가 있다. 그냥 이렇게 말하라.

"페트릭, 나 지금 엔지니어 일자리를 구하는 중인데, 도와줄 사람 혹시 알아요?"

이 질문만으로 당신은 벌써 2가지 성과를 얻게 된다.

첫째, 당신이 일자리를 찾고 있다는 사실을 상대가 알게 된다.

둘째, 다른 사람들을 알게 된다.

페트릭은 아마 이렇게 대답할 것이다.

"데브라, 저기 바 옆에 서 있는 사람 보이죠? 짐이라는 사람인데 엔지니어예요. 그에게 가서 한 번 물어봐요."

그러면 당신은 우아하게 페트릭과의 대화를 끝내고 당신을 도와줄지도 모르는 짐에게 가면 된다. 짐에게 말 걸기는 아주 쉽다. 자기소개를 하고 이렇게 말하면 된다.

"방금 페트릭한테 얘기 들었는데 엔지니어라면서요?"

아주 자연스럽게 당신은 새로운 사람을 소개받고 이야깃거리도 이미 갖게 된 것이다. 게다가 어쩌면 새로운 직장을 얻게 될지도 모른다!

이렇게 추천을 받거나 일자리를 부탁하기 위해 자리를 뜨는 것을 망설이지 마라. 업무 관련 모임에서는 모든 사람들이 각자 나름의 목적을 갖고 있고, 실제로 모든 사람들이 괜찮은 비즈니스를 찾고 있다. 그런 모임에서는 추천이나 일자리를 부탁하는 것이 조금도 이상하지 않다.

다음은 비즈니스 모임에서 쓸 수 있는 대화 방법들이다. 당신에게 맞는 방법을 골라서 시도해보자.

업무 관련 모임에서 추천을 부탁할 때

+ ~가 필요한 사람을 추천해주시겠어요?

+ ~에 대해서 이야기할 수 있는 사람을 추천해주실 수 있을까요?

+ ~에 대해서 저를 도와줄 수 있는 사람이 있을까요?

+ ~에 관심 있는 사람 혹시 있나요?

+ ~위원회에 가입하는 것에 대해 알려주실 분 있을까요?

이러한 대화기법은 업무 관련 모임에서는 전혀 특별한 것이 아니다. 물론 일반적인 사교 모임에서도 이러한 대화기법을 응용할 수 있다.

사교 모임에서 추천을 부탁할 때

+ 등산 모임에 관한 정보를 찾고 있는데, 여기서 저를 도와줄 수 있는 분이 혹시 있을까요?

+ 저처럼 이 일을 처음 시작하는 사람 있나요?

+ 봉사활동에 관심 있는 분 혹시 있어요?

+ 이번 월요일 저녁에 뉴욕 자이언츠 게임 보러 갈 사람 혹시 있어요?

_교대하기

대화 도중에 자리를 뜨는 가장 전통적인 방법은 교대하는 것이다. 실제로 대화를 나누고 있는 집단에 새로운 사람이 들어가서 한두 사람과 이야기를 나누기 시작하면, 한 사람 혹은 그 이상의 사람들이 자리를 뜬다. 이것은 사람들이 가장 많이 이용하는 쉽고 빠른 탈출 방법이다.

이 기술은 그저 쉽게 탈출할 수 있다는 것 말고는 장점이랄 게 없지만 그냥 그 자리에서 탈출하는 것만이 목적이라면 가장 가까운 비상구라고 할 수 있다. 자리를 뜰 때 대화 상대를 데리고 가는 방법도 있다. 이것은 단둘이 이야기하고 있을 경우에도 가능하다. 대화 상대를 다른 누군가에게 소개하는 것도 좋은 방법이다.

대화 상대에게 함께 가자고 부탁할 때

+ 당신과 같은 분야에 있는 내 동료를 소개해줄게요.

+ 매트는 아주 멋진 남자예요. 전부터 두 사람을 소개해주고 싶었어요.

+ 연사를 만나러 갑시다.

+ 제 친구 제니퍼가 저기 있네요. 인사하러 갑시다.

+ 여기저기 돌아다니면서 새로운 사람을 좀 만나봅시다.

+ 같이 저녁 먹으러 갈래요?

대화 상대를 다른 목적지로 함께 데려가는 것은 무척 친절하고 사려 깊은 퇴장 방법이다. 목적에 충실하면서도 대화 상대를 심심하게 버려두지 않았기 때문이다. 대화 상대가 나를 다른 사람에게 데려간다고 거꾸로 생각해보면 그게 얼마나 좋은 기회인지 알 수 있을 것이다. 다른 사람에게 소개받을 수 있는 절호의 기회니까. 하지만 거절해야 할 때도 있는 법, 그럴 땐 먼저 고맙다고 말하고 정중하게 사양한다.

_작은 감사 표시가 오래 간다

감사의 말로 대화를 마무리하는 것은 긍정적인 인상을 남기는 좋은 방법이다. 시간을 내준 것에 대해, 전문가다운 조언에 대해, 대화 중 느꼈던 소소한 즐거움에 대해 감사하는 것은 언제나 환영받는 대화 기술이다. 칭찬과 감사로 대화를 마무리하는 당신에게선 침착함과 자신감이 풍긴다. 이것은 대화 진전을 위해 칭찬이라는 도구를 사용하는 것과 비슷하다. 물론 여기서도 방법론이 중요한 게 하니라 진정성 있는 마음과 태도가 중요하다.

진심에서 우러난 감사는 상대의 마음을 열고 그 마음속에 호의의 물결이 잔잔히 흐르게 한다. 그리하여 상대가 당신의 이름을 떠올릴 때면 긍정적인 이미지로 연결된다. 대화를 마무리할 때 상대방에게 좋은 느낌을 줄 수 있는 감사 표현 몇 가지를 제시한다.

대화를 마무리할 때 쓸 수 있는 감사 표현

▼

+ 만나서 반가웠어요. 그 대회에 대해 자세히 들려주셔서 고맙습니다.

+ 당신의 새로운 사업 이야기 정말 즐거웠어요. 전문가다우세요.

+ 유쾌한 대화였어요. 감사합니다.

+ ~에 대해 알려주셔서 정말 기뻤습니다. 상당히 흥미롭네요.

+ ~ 분야에 계신 분을 만나서 정말 반가웠어요.

+ ~를 소개해주셔서 정말 감사합니다.

+ 저를 대화에 끼워주느라 너무 애쓰셨죠? 여기 처음 와서 어색했는데 덕분에 편안해졌어요. 고맙습니다.

사람을 만날 때 미소 띤 얼굴로 악수하며 대화를 시작하는 것처럼 마무리도 그렇게 해야 한다. 여럿이 둘러앉은 테이블이라도 그렇게 해야 한다. 굳이? 물론이다. 일어나서 테이블을 돌며 일일이 악수하고 감사를 표현하며 마무리하라. 친근한 악수는 작별한 뒤에도 좋은 인상으로 남는다. 손을 맞잡는 그 짧은 순간이, 당신이 인간관계를 향상시키기 위해 그동안 쌓아올린 모든 노력보다 더 결정적일 수 있다. 그렇게 하지 않고 그냥 사람들 속으로 말없이 사라지는 순간 신뢰감은 곤두박질친다. 대화를 마무리하는 것은 시작하는 것 이상으로 상대와의 관계를 구축할 수 있는 기회다. 작별의 순간을 인맥 형성의 자산으로 만들어라!

_이별은 또 다른 시작이다

관계를 오래 지속하고 싶은 사람을 만났을 때 대화를 마무리하는 가장 좋은 방법은 그에게 다시 만나자고 말하는 것이다. 즉 상대에게 초대장을 보내는 것이다. 당신이 여자라도 마찬가지다. 업무상 일이든 개인적 일이든 상대가 먼저, 또는 남자가 먼저 말을 꺼낼 때까지 기다려야 한다는 생각은 하지도 마라. 만약 당신의 목표가 새로운 사람을 만나 관계를 만들어가는 것이라면 그렇게 해야 한다. 성별은 전혀 중요하지 않다.

미리 걱정부터 하지 말고 용기를 내서 그냥 해보는 거다. 물론, 시도하지 않으면 그냥 편안하게 지낼 수 있는데 굳이 낯설고 불편한 상황을 만들 필요가 있을까 생각할 수도 있지만 열매를 맺으려면 비바람을 견뎌내야 한다. 거절당한다 해도 그건 당신 탓이 아니다. 그 사람은 당신에 대해 어떠한 평가나 결론을 내릴 만큼 당신을 잘 알지 못하기 때문이다.

내 친구 렉스를 기억해보자. 그가 나에게 먼저 다가오지 못했던 이유는 순전히 소심한 성격 때문이었다. 하지만 그가 그런 사실을 말해주기 전까지 나는 그의 마음을 알지 못했고 심지어 오해하고 있었다. 내가 그의 마음에 드는 사람이 아니었을 거라고 말이다.
만약 누가 당신을 거절한다면, 그 사람이 말을 하지 않는 한 당신
역시 그 이유를 알 수 없을 것이다. 다음은 관계를 발전시키기 위
해 사람을 초대하는 방법이다.

초대장 보내는 방법

+ 오늘 저녁엔 너무 바쁘신 것 같네요. 다음에 다시 만날까요? 언제가 좋
  으세요?

+ 다음에 시간 내서 따로 만날 수 있을까요?

+ 분위기 좋은 커피숍에서 만났으면 좋겠어요. 전화 드려도 될까요?

+ 오늘 정말 즐거웠어요. 편한 시간에 다시 만나고 싶은데 제가 내일 전
  화 드려도 될까요?

+ 오늘 자료는 이메일로 보내드릴게요. 다음 일정은 언제로 잡을까요?

+ 오늘 말씀하신 것에 대해 다시 한 번 이야기하고 싶어요. 같이 커피 한
  잔 하실래요?

+ 오늘 함께해서 즐거웠습니다. 다음 주에 2차 미팅 잡을까요?

+ 이 일을 가까운 시일 내에 같이 할 수 있으면 좋겠네요. 며칠 있다가 전
  화 드려도 될까요?

대화를 하는 동안에는 음식을 먹거나, 음료를 마시거나, 여동생에게 전화해서 아이들이 잘 있는지 물어봐도 되고, 화장실을 가거나, 심지어 그 주변을 잠시 돌아다녀도 좋다. 중요한 건 내가 움직이는 모습은 당연히 대화 상대의 시선을 끌기 때문에 마치 헤매는 것처럼 보이면 안 된다는 것이다. 당신이 목적 없이 방황하고 있는 것처럼 보인다면, 그들은 당신이 자기와 함께 있는 것을 싫어한다고 생각할 것이고 당연히 모욕감을 느낄 것이다.

대화를 마무리하는 방식은 당신의 인상을 좌우하기 때문에 우아하고 능숙하게 처리하는 훈련을 해야 한다. 그렇다고 이러한 기술에 무슨 신비한 능력이나 로켓을 발사하는 고도의 과학기술이 필요한 건 아니니 걱정 마라. 지극히 상식적인 일인데도 단지 실천을 못하고 있을 뿐이다.

다양한 방법을 사용하여 편안하게 대화에서 벗어날 수 있도록 연습하면 된다. 이 기술은 자신감과 존재감을 높인다. 그렇게 다져진 인간관계는 더 많은 인맥을 형성할 것이고 당신은 늘 대화하고 싶은 기분 좋은 사람으로 성장할 것이다.

대화의 공은
당신이 쥐고 있다

해야 할 것과 하지 말아야 할 것으로 가득 찬 쪽지를 모든 행사나 모임을 시작하기 전에, 혹은 면접을 보기 전에, 데이트를 하기 전에 꼭 읽어보는 습관을 가져보자. 주머니나 핸드백에 넣어놓고 어떠한 회의나 점심 자리, 또는 파티가 기다리고 있는 곳에 가서 한번 꺼내보고 맘껏 그 날을 즐기자!

인간관계 구축을 위한 지침

✦ 가장 먼저 인사하는 사람이 되어라.

✦ 미소를 짓고 먼저 다가가라.

+ 두려움을 떨치고 먼저 자기소개를 하라. 지인이 나타나 낯선 사람들에게 당신을 멋지게 소개해주길 기대하지 마라.

+ 초조하고 불편하더라도 편안한 척해라! 편안한 척하다 보면 어느새 정말로 편안해진다.

+ 마주치는 모든 사람에게 손을 내밀어 악수해라.

+ 눈을 마주쳐라.

+ 상대의 허락 없이 함부로 애칭이나 별명을 부르지 마라!

+ 대화할 때 틈틈이 상대의 이름을 불러라. 상대가 스스로 특별해진 느낌을 받는다.

+ 이름이 생각나지 않는다면 다시 물어라. 이름을 잊어버렸다고 해도 그들에게 접근하는 것을 피하지 마라.

+ 테이블에 함께 앉아 있거나 옆에 서 있는 사람들을 무시하지 말고 함께 소개하고 대화에 끌어들여라.

+ 진정한 관심을 보여줄 수 있는 말을 준비하고, 상황이나 기회에 맞게 어색함을 누그러뜨리는 유머를 준비하라.

+ 남들이 당신에 대해 알 수 있도록 당신 자신과 하는 일에 대해 짧은 시간 안에 간략히 소개하는 핵심 대화 훈련을 해라. 대화는 게임이다.

+ 대화를 독점하지 마라. 대화의 공은 앞뒤좌우로 계속 던져져야 한다.

+ 엘리베이터 스피치를 연습하라. 짧은 시간에 뭔가 흥미로운 말을 할 수 있도록 해라.

+ 자신의 성공이나 승진, 연봉을 자랑하지 마라!

+ 어색한 침묵이 흐를 때는 뭔가 이야깃거리를 생각해내라.

+ 당신이 듣고 있다는 것을 보여줘라. 조용히 있는 것은 좋은 청자가 아니다. 열심히 듣고 있다는 것을 상대가 알도록 고개를 끄덕이거나 가끔 말로 장단을 맞추거나 상대가 한 말을 반복하라.

+ 내 이름을 먼저 말해줘라. 상대가 내 이름을 잊어버렸다면 큰 선물이 된다.

+ 보디랭귀지의 숨은 의미까지 조심하라.

+ 인적 네트워크 강화를 위해 다른 사람들에게 인맥 연결과 지원을 제공하라.

+ 전지전능자처럼 다 아는 척하지 마라.

+ 어색한 순간들을 넘길 때는 유머를 사용해라.

+ 농담을 잘하는 사람이 아니면 농담을 하지 마라. 썰렁해질 수 있다.

+ 야구 연습장에서 계속 나오는 공을 받아치는 것처럼 질문 다음에 질문이 바로 오는 대화가 되지 않도록 해라.

+ 현재 진행 중인 주제에 집중하라. 당신의 관심사가 아니더라도 다른 사람에게는 큰 관심사일 수 있다.

+ 모든 사람이 스포츠, 패션, 정치에 대해 당신만큼 잘 안다고 생각하지 마라.

+ 다른 사람들의 활동과 관심사에 주목하고 재미있게 경청해라.

+ 대화를 피하지 마라.

+ 관계 유지를 위해 모임을 만들어 모바일 초대장을 지속적으로 보내라.

+ 당신이 만나는 사람들과 정기적으로 SNS나 전화를 해라.

+ 당신이 필요할 때만 연락하지 마라.

+ 다른 사람들을 판단하지 마라. 그들은 나름대로 다른 의견, 태도, 그리고 신념을 가지고 있다.

+ 동료, 친구들과 교류하기 위해 노력해라.

+ 처음 만난 사람의 정보를 다음 만남에서 활용할 수 있도록 명함이나 모바일 연락처에 간단히 메모하는 습관을 들여라.

+ 대화를 시작하거나 주제를 바꿀 때 개방형 질문을 사용해라.

+ "어떻게 지내세요?" 같은 식상하고 일상적인 질문을 하면서 상대에게 열정적인 답변을 기대하지 마라.

+ 만약 대화가 재미없어지거나 의견이 달라 장애물이 발생할 경우 쟁점을 변경하라.

+ 사람들의 사소한 행동이나 복장, 소지품, 외모 등에 관해 칭찬하라.

+ 장황하고 지루한 이야기로 사람들을 잡아두지 마라.

+ 마치 내가 주최자인 것처럼 모든 사람을 대화에 참여시켜라.

+ 조용한 사람들도 대화에 끌어들여라.

　　모든 대화에는 늘 위험 부담이 따른다. 하지만 모든 만남과 대화는 기회가 될 수 있다는 것을 기억하자.

인적 네트워크
행사를 활용해라!

미팅이나 면접에서도 마찬가지지만 인적 정보망을 활용하는 행사를 어떻게 활용하는지 배울 필요가 있다. 각종 행사나 시사회, 그리고 일과 관련된 모임에서 고객을 접대할 때는 침착한 태도로 자신 있게 움직여야 한다.

혹시 당신은 환영회, 연회, 사업 관련 사교 행사를 두려워하는 스타일인가? 많은 사람을 새로 만나야 하는 오픈 행사에 참석할 기회가 있을 때 자신 안으로 도망치고 싶고, 문을 잠그고 싶어 하는 성격인가? 하지만 걱정 마라. 당신만 그런 게 아니다. 우리들 대부분은 아무도 모르는 모임에 참석하거나 잘 모르는 사람들과 시간을 보내는 것을 싫어하고 두려워하고 걱정한다. 그런 상황에서 대화를 계속하는 것은 누구에게나 시련처럼 느껴질 수 있다.

하지만 비즈니스맨들에게 이러한 상황들은 사업적인 우호관계를 만들 수 있는 기회이고 인적 네트워크를 확장할 수 있는 기회이다. 당신이 모르는 사이에도 인적 네트워크는 계속 형성된다.

어색한 사교 모임에 갈 때, 모르는 사람들 앞에서 상품을 소개해야 할 때, 떨리는 면접을 감당해야 할 때, 스몰토크는 어려운 상황을 극복하게 해준다. 스몰토크는 그 상황이 사업적인 회합이든 일반적인 모임이든 우리를 사람들과 자연스럽게 연결시켜준다.

모든 사람들이 자신의 직업에 필요한 기술은 배우면서 대화의 기술은 배우지 않는다. 대화의 기술이 얼마나 중요한지 모르기 때문이기도 하고, 대화의 기술이 훈련된 기술이지 성격의 문제가 아니라는 걸 모르기 때문이기도 하다. 어떠한 상황에서도 어느 누구와도 쉽게 대화할 수 있는 대화의 기술을 배우는 것은 명함을 교환하는 것보다 훨씬 중요하다. 스몰토크는 사람들과의 관계를 발전시키고 긍정적인 인상을 더욱 오래 지속시키는 역할을 한다.

다음은 사업하는 사람들이 스몰토크 기술을 향상시키는 데 사용하면 좋은 몇 가지 팁이다.

✦ **가장 먼저 인사하는 사람이 되어라!**
✦ **적극적으로 자기소개를 해라.** 당신이 행사 주최자인 것처럼 행동하고 새로 온 사람을 다른 사람에게 적극적으로 소개해라.
✦ **먼저 미소를 짓고 누군가를 만나면 항상 악수를 청해라.**

✤ **소개할 때 서두르지 말고 충분히 시간을 가져라!** 사람들의 이름을 기억하고 이야기를 나누면서 이름을 자주 불러라.

✤ **누구랑 어떤 대화를 하든 항상 눈을 맞춰라.** 3명 이상의 그룹에서는 모든 사람에게 골고루 눈을 맞춘다. 그렇지 않으면 속으로 딴 생각을 하고 있다고 느끼게 된다.

✤ **그 행사에 왜 왔는지 알 수 없는 참석자를 만나면 행사 주최자처럼 행사의 목적과 의도를 자연스럽게 설명하라.** 그것은 그들을 대화에 끌어들이기 위한 행동이기도 하다.

✤ **모든 사람에게 관심을 보여라.** 당신이 관심을 보일수록 당신은 현명하고 매력적인 사람으로 보인다.

✤ **사람들은 자신을 특별하게 만들어주는 사람들과 함께 있고 싶어 한다.** 당신이 지금 같이 있는 대화 상대가 그 공간에 있는 유일한 사람처럼 느끼게 하라.

✤ **대화 게임을 해라.** 누군가 "사업은 어떠세요?"라고 건성으로 묻더라도 마치 관심을 듬뿍 담은 질문을 받은 것처럼 구체적으로 대답하라. 다른 사람들이 당신에 대해 좀 더 알 수 있도록 자신을 노출하는 것이 대인관계에 도움이 된다.

✤ **사업상 만난 지인들과 대화를 시작할 때는 회사와 관련된 질문은 조심해야 한다.** 못 보고 지낸 사이에 그 사람이 해고되었거나 사업이 잘 안 된다면 완전 낭패니까.

✤ 처음 만나는 사람이든 지인이든 **배우자나 자녀 등 가족관계에**

대한 질문은 조심해야 한다. 가족에게 불행한 일이 생겼을 수도 있고 배우자와 이혼했을 수도 있다.

✦ **FBI 요원이 되지 마라.** "뭐하세요?" "결혼 하셨어요?" "어디 사세요?" "회사 매출은 얼마나 돼요?" 등 끝없는 질문은 끝이 안 좋다.

✦ **보디랭귀지를 활용하라.** 눈과 입가에 잔잔한 미소를 머금고 가끔 공감의 표시로 고개를 끄덕이면 상대의 마음도 열린다. 손으로 적절한 제스처를 해주는 것이 경직된 자세보다 호소력이 있다. 부정적이고 짜증스러운 표정을 짓거나 과도한 손짓은 하지 않도록 한다. 기분에 좌우되지 말고 늘 자신 있고 편안하게 행동해라.

✦ **미리 준비하라.** 어떤 행사에 참석하든 최소한 3가지 주제를 쉽게 풀어갈 수 있도록 미리 준비하는 습관을 길러라. 대화가 막히는 난처한 상황에 처했을 때 유용하게 쓰일 것이다. 낯선 사람들끼리 둘러앉은 8인용 탁자에서는 더욱 그렇다.

✦ **대화 상대의 의견에 관심을 표하라.** 인공지능(AI)에 기반한 4차 산업에 투자를 하거나 주식 시장의 변화와 무슨 일이 일어날지에 대한 정보와 의견들은 당신만 갖고 있는 게 아니다.

✦ **대화 독점자를 멈추게 하라.** 남에게 말할 기회를 주지 않고 혼자만 얘기하는 독재자가 있다면 그 사람이 물을 마시거나 잠시 이야기를 멈추었을 때 얼른 끼어들어 화제를 바꿔라. 정 틈이 나지 않으면 그가 숨을 쉴 때라도 치고 들어가야 한다. 그렇게

화제를 바꾸고 대화의 공을 다른 사람에게 패스하면 모두 좋아할 것이다.

✦ **대화를 우아하게 끝내는 문장을 잘 준비하라.** 자리를 옮겨 다니며 많은 사람과 작별인사를 나눠야 할 때도 어색하지 않게 마무리 문장을 잘 구사해야 한다.

✦ **대화 도중 굳은 표정으로 듣기만 하는 멍청이가 되지 마라.** 부드럽게 주고받는 대화와 우아한 마무리 인사로 긍정적인 인상을 남겨라.

아무리 조심해도 모든 만남은 위험 부담을 수반한다. 기대만큼 좋은 사람이 아니거나 좋은 관계로 이어지지 않고 피해를 입을 수도 있다. 하지만 그럼에도 불구하고 우리는 늘 새로운 사람과의 만남을 이어나가야 한다. 사람들에게 진심으로 관심을 갖는 것, 스몰토크로 대화를 기분 좋게 이끌어가는 것이 인간관계를 잘 가꾸어 나가는 최고의 방법이다.

싱글을 위한
스몰토크

　당신은 지금 사람들로 북적거리는 커다란 홀에 들어섰다. 사람들은 삼삼오오 모여 대화를 나누느라 정신이 없다. 당당하게 즐기는 낯선 사람들 앞에서 한없이 작아지는 느낌이다. 사람들이 무시하지는 않을까, 나를 판단하거나 약점을 찾아내면 어떡하나 두려움이 몰려오기 시작한다. 이런 쓸데없는 행사 따위에는 다시 오지 않겠다고 단호하게 결심하고 미련 없이 돌아서고 싶다. 어쩌면 당신은 불안장애를 겪고 있는 환자처럼 느껴질 수도 있다. 하지만 대부분은 이런 모임에서 흔히 생겨나는 자연스러운 불안일 뿐이다. 이겨내라! 자신을 연약하게 만드는 두려움을 극복하고 싱글들의 파티에서 버텨낼 수만 있다면 기회는 바로 그곳에 있다.

　사회생활을 하면서 가장 두려운 상황은 아마 다른 사람을 강제적으로 만나야 할 때이다. 하지만 그런 상황에서 관계를 만들기 위해 굳이 내가 누구인지 증명하려고 애쓸 필요는 없다. 당신은 그냥 그 자리에 있으면 된다. 사회생활을 하다 보면 가끔은 내 의지와 상관없이 어떤 사실을 그냥 받아들여야 할 때도 있다.

내 미혼 친구들 대부분은 연애를 싫어한다. 하버드 대학교 연구원인 내 여동생 엘리자베스도 마찬가지다.

"연애? 그게 뭐야? 나도 그렇고, 내 친구들도 그렇고, 40이 넘은 지금도 너무 바빠서 연애는 생각도 못하는걸!"

8년 전에 이혼한 내 친구 수잔은 자신의 삶을 바꾸기 위한 작은 열망을 불태우고 있다. 완벽한 남자를 찾겠다는 환상은 번번이 깨졌지만 그래도 희망을 버리지 않고 계속 새로운 남자를 만난다. 자신에게 맞지 않는 남자에게 안주하는 것을 거부하며!

이처럼 조건이 다양해서 어떤 조언이 딱 들어맞지 않는 상황에서는 스몰토크가 아주 유용하다.

당신은 20대인가? 50대인가? 바에 가서 노는 걸 좋아하는가? 아님 잘 기획된 모임에 가는 걸 좋아하는가? 당신은 남자인가? 여자인가? 소극적인가? 활동적인가?

하지만 어떤 상황에서도 통하는 조언이 하나 있다. 싱글들을 위한 행사를 꼭 연애를 위한 모임으로 생각하지 말라는 것이다. 그냥 인맥을 형성하는 일반 모임으로 생각하면 어색하지 않다. 서로 주고받을 게 있는 인간 사회의 연결 고리쯤으로 편하게 생각해라.

_자신감 높이기!

싱글들을 위한 모임이나 이벤트 행사에 참석할 때 가장 주눅드는 순간은 행사장에 들어설 때다. 일단 그곳에 들어서면 스몰토크를 시작해야 한다는 사실을 인지하고 있어야 한다.

수잔은 홀에 들어가기 전에 먼저 심호흡을 한다. 그리고 곤충의 더듬이처럼 예민해진 신경에 휘둘리지 않기 위해 모든 에너지를 끌어모아 마음을 가다듬는다. 일단 문 앞에 서서 내부 광경을 훑어본다. 잠시 주위를 살피며 마음을 차분히 정돈하고 스스로 자신감 넘치는 사람으로 만드는 시간을 갖는다. 자신감은 사람을 끌어당기는 가장 강력한 자석이자 원동력이다.

하지만 일단 홀에 들어가면 투명인간처럼 행동한다. 처음에는 아무도 당신을 보지 않을 테니 거북해하거나 불안해할 필요가 없다. 홀에 모여있는 사람들은 대개 대화나 일에 집중하느라 주변에 신경 쓰지 않는다.

당신은 물과 음식, 새로운 분위기에 적응하기 위해서라도 돌아다녀야 한다. 그곳 분위기에 익숙해질 때까지 그냥 마음껏 돌아다니면서 맛있는 음식을 즐겨라. 그러다 보면 어떤 사람들이 모여있는지, 분위기는 어떤지 대강 파악할 수 있다. 이제 당신은 접근하기 쉬운 사람을 찾았는가? 그렇다면 이제 본격적으로 스몰토크를 시작할 시간이다.

싱글 모임에서 쓰기 좋은 첫 질문

+ 사람이 정말 많군요.

+ 음식은 어디 있어요?

+ 저는 여기 아는 사람이 하나도 없네요. 당신은요?

+ 이 음식 참 맛있겠네요!

+ 여기엔 재미있는 사람들이 많은 것 같아요. 혹시 아는 사람 있어요?

+ 냅킨 좀 건네주실래요?

+ 금요일 오후에 이런 행사에 참석하는 건 정말 좋은 것 같아요. 주말에 대한 기대가 있잖아요.

+ 뭐라고 말해야 할지 모르겠지만 나랑 만날래요?

이처럼 면밀히 관찰하다 보면, 생각하고 있던 것을 조금씩 표현하면서 사람들에게 좀 더 가까이 다가갈 수 있다. 성급하게 침묵을 깨뜨리려고 애쓰기보다 처음에는 그저 상황을 지켜보는 게 좋다. 무심히 지켜보면 사람들은 보통 자연스럽게 반응한다. 이때 너무 개인적인 질문은 자제하자. 이런 식으로 접근하면 좀 더 친근하고 덜 부담스럽게 대화를 시작할 수 있다. 기대하라! 그곳에서 당신의 삶을 바꿔놓을 흥미로운 일이 벌어질지도 모른다.

_연결점 찾기

대부분의 사람들은 진정한 관계를 맺을 수 있는 특별한 사람을 원한다. 서로 연결되어 있거나 관계를 맺는 것은 서로의 공통점을 찾는다는 의미이다. 즉 대화에서 자신에 대한 정보를 제공하거나 질문을 함으로써 이런 공통점을 찾는다. 여기서 중요한 점은 대화 중에 상대방이 대답한 내용을 기억해두는 것이다. 이게 바로 대화 확장에 필수적인 요소이기 때문이다.

연결점을 찾아라

▼

+ 아주 편안해 보이시네요, 저도 그럴 수 있으면 좋겠어요.

+ 와우, 패션 감각이 정말 뛰어나신 것 같아요.

+ 저는 솔직히 이런 데 오는 것보다 집에서 책 읽는 게 더 좋아요.

+ 농구 경기를 보러 갈까 했는데, 이런 것도 재미있네요.

+ 저는 이런 행사에는 처음 와봐요. 당신은요?

+ 이 행사에 어떻게 오게 되었어요?

+ 정말 재미있는 모임이네요. 혹시 이 모임에서 주최하는 야외 행사에도 참석해보셨어요? 등산이라든가 자전거 하이킹 같은 거요.

_연결점 잇기

질문을 하거나 질문을 받을 때 다음의 접근 방식을 고려하자. 상대가 말한 내용에 대해 당신은 어떤 의견을 제시할지 생각하는 것이다.

당신 야근을 자주 하세요?
그녀 거의 매일 해요.

그녀가 대답하는 동안, 그녀의 대답에 어떻게 반응하면 좋을지 생각해라. 이런 훈련은 경청 능력과 따뜻한 공감 능력을 키워준다.

당신 많이 힘드시겠네요.

"야근하면 보통 몇 시까지 일해요?"라는 식의 뻔한 질문을 하는 것보다 상대의 답변에 공감 표현을 해주는 게 훨씬 좋다. 질문하려고 작정하고 있었는데 참았다면 아주 잘한 것이다. 그게 올바른 방법이고 경청의 능력이다. 그렇다고 질문을 아예 하지 말라는 건 아니다. 다만 '질문-답-질문-답'보다는 '질문-답-공감'이 좋다는 것이다. 바로 사용하지 않더라도 대화를 이어나가기 위한 질문은 늘 준비해두고 있어야 한다.

재치 있는 멘트나 유머로 응대하는 것도 좋지만 때로는 자신의
얘기를 털어놓는 것도 마음의 문을 여는 방법이다.

당신　야근을 자주 하세요?

그녀　거의 매일 해요.

당신　정말요? 저도 그런 적이 있어요. 그땐 정말 만성피로로 건강
　　　이 말이 아니었어요.

단순한 답변보다 자신에 관한 정보를 노출시켜 공감대를 이어
나가면 상대의 마음이 쉽게 열린다. 여기서도 대화를 이어갈 만한
연관성 있는 질문들을 생각해두는 게 좋다. 상대의 대답에 대한
재치 있는 멘트나 공감대 형성을 위한 자기 노출은 대화를 촉진한
다. 대화는 자연스럽게 이어지고 상대 역시 자기 이야기를 풀어놓
거나 당신에게 질문을 하게 된다.

당신　야근을 자주 하세요?

그녀　거의 매일 해요.

당신　많이 힘드시겠네요!

(이런 멘트는 상대가 마치 아나운서가 앞의 프롬프터를 보며 뉴스를 읽는 것
처럼 바로 대답하게 한다.)

그녀 (웃으며) 네, 맞아요. 야근을 안 하면 더 이상하죠!

다른 사람의 대답에 공감하는 태도를 보여주는 것은 좋은 연결점으로 이어진다. 그런데 만약 상대방의 대답에 적절한 관심을 보였는데도 돌아오는 반응이 없다면 어떻게 할까? 그럴 때 필요한 게 바로 미리 준비해둔 질문이다.

당신 야근을 자주 하세요?
그녀 거의 매일 해요.
당신 많이 힘드시겠네요!
그녀 (그냥 웃는다.)
당신 야근하면 보통 몇 시까지 일해요?

이런 경우에 사용할 수 있는 질문들은 아주 많다. "거의 매일 야근을 하다니, 도대체 그 에너지가 어디서 나오는 거예요?" "그렇게 매일 밤 야근이라니 정말 대단하세요!" "몸은 괜찮으세요?" 등등.

상대방의 대답에 대해 공감 표현을 하는 것도 습관이 되면 쉬워진다. 스몰토크의 3가지 요소, 즉 질문과 공감 표현, 그리고 대화를 이어가는 질문을 창의적으로 사용할 수 있다면 당신은 이미 다양한 대화를 이끌어가는 스몰토크의 달인이다. 그러기 위해서는 대화에 집중해야 한다. 집중력은 곧 유연성으로 이어진다.

_데이트 신청하기

당신은 이제 싱글들 모임에서 스몰토크로 성공적인 대화를 이끌어가는 사람이 되어 있다. 수많은 가능성이 당신 앞에 열려 있는 것이다. 하지만 누군가에게 데이트를 신청하는 것은 또 다른 차원의 이야기다. 거절당할지도 모른다는 두려움이 앞서고 자존심이 상처를 받을 위험을 생각하면 머뭇거릴 수밖에 없다.

수잔은 절대로 남자에게 먼저 데이트 신청을 하지 않는다고 말한다. 하지만 린다는 자기는 반대라고 단호하게 말한다.

"내가 사귀고 싶은 남자를 내가 선택해야지, 왜 남자한테 선택될 때까지 기다려요? 내가 여자라는 이유만으로 남자의 선택을 기다리는 건 말도 안 된다고 생각해요."

그녀는 마음에 드는 남자에게 데이트 신청을 하기 위해 스몰토크를 준비한다.

"몇 번 만났던 남자라면, 우리가 처음 어디서 어떻게 만나게 되었는지, 그때 첫인상이 어땠는지, 그 모임에서 어떤 추억들이 있었는지 상기시켜주죠. 그리고 오늘 대화가 너무 즐거웠다고 말하고 나서 나중에 점심이나 차를 같이 하면서 얘기를 더 나누고 싶다고 말해요. 제가 무척 적극적인 편이긴 하지만 남자한테 첫 데이트 신청을 할 때는 절대로 저녁을 먹자고는 안 해요. 점심을 먹는 게 부담이 없어요. 그쪽도 그럴 거예요."

내 친구 밥은 이런 조언을 해주었다.

"데이트 신청을 하기 위해 전화를 걸 때는 번호를 누르기 전에 데이트 코스와 일정을 미리 짜두는 게 좋아요. 그러고 나서 그녀에게 전화를 걸어 이런 식으로 말하는 거죠.

'목요일 저녁에 허드슨 가든에서 와인 시음회를 하는데, 거기 들렀다가 잠깐 강변을 산책하고 가든 근처에서 저녁을 먹으면 어떨까요?'"

그가 "목요일 저녁에 뭐하세요?"라고 먼저 물어보지 않은걸 눈치 챘는가? 그렇게 질문하는 건 "머리 손질 좀 하려구요."라고 대답할 기회를 주는 것이다. "좋아요!"라는 대답을 듣고 싶다면 여심 저격 질문을 해라. "언제 한번 만날까요?" 같은 질문은 너무 막연하다. 정확한 대답을 듣기 원한다면 구체적으로 물어라.

밥의 데이트 신청 방식은 뭔가 특별한 일을 구체적으로, 그리고 무척 재미있을 것처럼 말하는 것이다. 데이트 초기에는 적어도 서너 번 이상은 본인이 원하는 것보다는 상대방이 흥미로워할 것 같은 데이트를 생각해라. 본인이 스포츠를 즐긴다고 해서 상대방도 같은 마음일 거라는 생각은 버려라, 물론 20년 전보다는 스포츠를 좋아하는 여자들이 많아졌다고 해도 취미는 사람마다 다르다는 것을 기억하라. 그리고 여자들도 남자들이 쇼핑하러 가는 것을 좋아한다고 착각하지 마라. 미혼이든 기혼이든 쇼핑을 즐거운 데이트라고 생각하는 남자는 거의 없다.

내가 이제껏 들은 연애 관련 조언 중 최고는 첫 데이트를 신청할 때는 절대로 전화나 이메일을 사용하지 않는다는 어느 남자의 얘기다.

그는 인내심을 가지고 두세 번 연락을 주고받을 때까지 기다린다. 그러고 나서도 그는 전시회 구경이나 자전거 하이킹처럼 친구끼리 흔히 할 수 있을 법한 것들을 자연스럽게 제안한다.

답답할 정도로 느릿한 이런 식의 접근법은 시간이 좀 걸리기는 하지만 좀 더 진지한 관계로 진입하기 위해 서로를 더 알아가며 공감대를 형성하기에는 정말 좋은 방법이다. 진실된 애정과 믿음을 차곡차곡 쌓아가는 과정을 거치는 것은 장기적인 안목으로 바라볼 때 오히려 더 빨리, 더 멀리 가면서도 더 만족스러운 결과를 얻게 되는 지름길이다.

18살짜리 우리 아들이 해준 조언도 꽤 일리 있다.

"데이트 초기에는 영화관에 가지 않아요. 둘이 마주보며 소통하는 시간을 갖는 것이 서로를 알아가는 데 더 중요하니까요."

어쨌든 데이트를 신청하기 위해서는 용기를 내야 한다. 상대가 "영화 볼까요? 뮤지컬 볼까요?"라고 물어볼 때 제발 "아무거나요."라고 대답하지 마라. 아무거나 상관 없다는 말은 둘 다 관심이 없든지, 본인이 무엇을 원하는지 정확히 모르든지 둘 중 하나다. 그러니 "뮤지컬을 보고 싶어요." 혹은 "둘 다 좋아요."라고 대답해라.

_데이트 매너 꽝!

사람은 누구나 다른 사람들에게 좋은 사람으로 보이길 바란다. 데이트는 매력을 발산할 수 있는 완벽한 기회다. 하지만 여기서 가장 중요한 점은 상대방이 당신에 대해 어떻게 생각하는지에 신경쓰지 말고 상대방에게 집중하는 것이다.

내 친구 제이미가 내게 이런 이메일을 보냈다.

"지난번 어떤 남자랑 데이트를 했는데, 글쎄 장장 2시간 동안 자기 얘기만 하더라. 굉장히 자기 중심적인 사람이었는데 정작 나에 대해서는 하나도 물어보지 않는 거야. 하도 어이가 없어서 무심한 표정으로 듣기만 하다가 마침내 입을 다물기에 내가 한마디 했지. '이제 저 한테도 뭘 물어보셔야죠.' 그는 잠깐 생각하더니 뭐랬는지 알아? '저 어떻게, 잘하고 있는 거 같아요?' 정말 이런 남자랑 결혼했다간 큰일나겠다 싶더라고. 무슨 대화가 돼야 말이지."

말할 때마다 딴짓하는 남자 친구를 만났던 친구도 있었다.

"나는 내 남친이 얘기하는 동안 늘 집중해서 경청했는데, 그는 자기 얘기를 할 때는 엄청 열중해서 떠벌리다가도 내가 얘기를 시작하면 도무지 내 눈을 쳐다보지 않는 거야. 눈을 이리저리 굴리며 주위를 두리번거리거나, 휴대폰을 들여다보며 문자를 확인하는 것으로도 모자라 인터넷 검색까지 해가면서 세상 지루하다는 신호란 신호는 다 보내는 거야.

그 남친을 마지막으로 본 건 야외 식당에서였어. 그날도 자기 혼자 잔뜩 떠벌이더니 내가 말을 시작하기가 무섭게 이리저리 눈과 고개를 돌려가며 지나가는 여자들을 하나하나 빠짐없이 스캔하는 거야. 아, 정말! 상처는 고사하고 그 모멸감이라니! 그래서 자리에서 벌떡 일어나 말했지.

'내가 더 이상 여기 앉아 있어야 할 이유가 없네요. 계속 혼자 떠벌이면서 지나가는 여자들이나 구경하시죠.'"

애프터 신청하기 좋은 말

+ 오늘 정말 즐거웠어요. 다시 또 만나 즐거운 시간을 보내고 싶어요.

+ 오늘 많은 얘기를 나누었지만 아직도 못다한 말이 너무 많아요.

+ 훌륭하신 어머니에 대해 말씀하셨는데 언제 한번 뵙고 싶네요.

+ 오늘 나눈 대화 너무 즐거웠어요. 우린 공감대가 많은 것 같아요. 이번 주말에 커피나 한 잔하며 대화를 계속 나눌 수 있을까요?

+ 저번에 현대 미술을 좋아한다고 하셨죠? 다음달까지 열리는 미술 전시회에 함께 가고 싶은데 이번 주 중 언제쯤이 좋아요?

+ 그 영화감독의 팬이라고 하셨죠? 이번에 그의 신작이 나왔던데 주말에 같이 보러 갈래요?

우리에겐 모두 하고 싶은 이야기가 있다. 그러므로 우리는 서로의 이야기를 들어주어야 한다. 연애나 데이트는 상대방의 이야기에만 오롯이 집중할 수 있는 좋은 기회다. 상대방의 이야기를 귀기울여 듣고 능동적으로 공감해라. 먼저 충분히 들어주고 당신 이야기도 적절한 때에 조금씩 나눠주며 서로를 알아가는 게 성공적인 연애를 하는 밑바탕이 된다.

절대로 대화를 독점하지 마라. 내가 말하는 것 이상으로 상대에게 말할 기회를 줘라. 상대의 이야기를 들어주는 것은 상대방을 알아가는 가장 좋은 통로다. 상대방 역시 당신의 경청을 통해 자신의 소중한 가치를 찾는 즐거움을 누릴 것이다. 한마디만 더 하고 마무리하겠다.

부디 인내심을 가져라! 지금 막 데이트를 시작한 사람에 대해 모든 걸 한꺼번에 다 알려고, 나를 알리려고도 하지 마라. 단 한 번의 만남으로 이 사람과 계속 만날지 말지 결정하려 하지 말고 서로를 알아갈 기회를 갖도록 허락해야 한다. 그리고 진지함 속에서도 유머 감각을 유지하려고 노력해라.

심각한 표정은 대화를 뻣뻣하게 만든다. 모름지기 데이트는 즐거워야 한다. 래리 킹이 한 말을 기억하라. "너무 오래 진지하게 굴면 안 된다."

_데이트 매너 짱!

지난 몇 년 동안, 독자들과 워크샵에 참여한 분들로부터 많은 문자를 받았다. 그 중에서 몇 가지를 추려보았다.

첫 데이트 때 쓰기 좋은 말

+ 다시 만나서 반가웠어요. 오늘 같이 음악회에 와서 넘 좋았구요.

+ 당신에 대해 좀 더 알고 싶어요. 휴일에는 주로 뭐해요?

+ 점심 때는 주로 뭘 드세요?

+ 가장 친한 친구는 누구예요?

+ 학교 다닐 때 어떤 학생이었어요?

+ 가족은 어디에 살아요?

+ 저는 1남 2녀 중 막내예요. 당신은요?

+ 이 지역에는 어떻게 오게 됐어요?

+ 애완견 키우세요?

+ 좋아하는 취미가 뭐예요?

+ 요즘 같은 계절에는 어떤 활동을 즐기세요?

휴대폰을 꺼두어라.

폴은 이 사건을 경험하고 연애를 포기했다.

"이메일로만 소통하던 여자가 있었는데 드디어 첫 만남을 갖게 됐어요. 서로 대화가 영 풀리지 않아 끙끙대고 있는데 갑자기 그녀의 핸드폰이 울리기 시작했어요. 그녀는 양해를 구하는 말 한마디 없이 냉큼 전화를 받더니 통화를 정말 오래도 하더군요. 저는 한참 기다리다가 그냥 그 자리를 떠났어요. 물론 제가 좀 오버했는지 모르지만, 어쨌든 그 자리에 더 있고 싶지 않았어요. 그래서 데이트할 땐 핸드폰을 꺼두라고 말하고 싶네요."

말을 조심해라.

이것은 패티의 경험담이다.

"제 남친 롭은 저를 만나기 전에 직장 동료의 소개로 더블데이트를 한 적이 있대요. 당시 롭의 소개팅녀는 직장 동료의 와이프 친구였는데 꽤 매력적인 여자였다나 봐요. 그들은 한 자리에 모여 앉아 차를 마시며 이야기를 나누고 있었는데 마침 민소매 차림의 어떤 젊은 여자가 그 곁을 지나갔대요. 팔에 유독 눈에 띄는 문신이 있는 걸 보고 롭은 셋에게 말했대요. '난 젊은 여자애들이 왜 문신을 하고 다니는지 도저히 이해가 안가. 날라리 같잖아. 완전 비호감인 거 모르나?' 그런데 알고 보니 모든 면에서 그렇게 모범적이고 사랑스러운 소개팅녀도 문신이 있었다죠."

개인적인 의견은 관계가 진행된 후에 말하라.

다음은 짐의 이야기다.

"내 친구가 세라라는 여자를 소개해줬어요. 맨하탄에서 성폭행 피해 여성과 아이들을 전문적으로 상담하는 심리학자라기에 냉큼 만나겠다고 했죠. 나는 지적인 여자를 정말 좋아하거든요. 샌프란시스코에 있는 아름다운 식당에서 그녀를 만났어요. 그런데 자리에 앉자마자 그녀가 다짜고짜 이렇게 묻는 거예요.

'에이즈 검사 하셨나요?'

순간, 예전에 제가 이혼 준비하고 있을 때 여자 친구의 권유로 에이즈 검사를 한 기억이 떠올랐어요. 이 무슨 황당한 상황이지?, 하면서도 나름 유머를 잃지 않으려고 마실 것부터 주문하자고 가볍게 말했어요. 그런데도 세라는 까칠하게 이러는 거예요.

'이봐요, 지금은 21세기에요. 어디서 뭘 했는지도 모르는 사람과 노닥거릴 생각 없거든요!'

완전 어처구니 없는 상황이었죠. 그때부터 나는 입을 꾹 다물고 앉아서 듣기만 했어요. 거의 한 시간 동안 그녀가 상담해온 데이트 폭력, 가정 폭력, 아동 폭행 등등 온갖 사례를 잠자코 들어줬어요. 소개해준 친구의 입장을 생각해서 최대한 인내심을 발휘한 거죠. 겨우 식사를 마치고 나서 그녀와 악수하며 입에 발린 말로 마무리했어요, 두 번 다시 만날 일 없으니 마지막 친절을 베푼 거였죠.

'남을 돕기 위해 그렇게 어려운 일을 감당하시다니 놀라워요.'

그런데 놀랍게도 그 다음날 세라에게 연락이 왔어요. 너무나 즐거운 시간이었다며 다시 만나자고요. 오, 이런!"

민감한 주제는 건드리지 마라.
정치학 교수인 내 여동생 테리 이야기다.
"자기 주관이 뚜렷한 남자와 데이트한 적이 있는데, 나한테는 물어보지도 않고 정치, 종교, 사회 등 각 분야에 대해서 열변을 토하는 거야. 한참 떠들고 나서는 그래도 마지막 양심은 있는지 나한테 어떻게 생각하느냐고 묻더라고. 그래서 '나는 당신이 말한 모든 개인적 소견에 동의하지 않아요.'라고 말했어. 탈출을 위한 방법으로 이런 응대는 좀 심한가?"

_소개팅은 관계의 힘

만남에서 성공하려면 남들과 대화할 때 편안하고 자신감 있는 태도를 보여야 한다. 스몰토크를 잘하면 이것도 쉬워진다. 그리고 새로운 인맥을 만들기도 쉽고 오래된 관계는 더 풍요롭게 해준다. 하지만 그러려면 연습이 필요하다. 연습은 완벽함으로 가는 지름길이다. 다른 싱글들과 스몰토크를 훈련할 수 있는 공간을 만들어보자. 점점 쉬워지는 것을 느낄 수 있다. 실력이 늘수록 재미있어지는 법이다.

바보처럼 보일까 봐 걱정하지 마라. 말 실수에 대한 두려움을 떨쳐내라. 오히려 말 실수로 다른 사람들을 웃게 했다면 유머 감각이 좋아졌다고 생각해라. 이는 동시에 다른 사람들이 당신에게 가질 수 있는 경계심을 허물어준다.

모든 대화는 다른 누군가와 연결된다. 우리는 가끔 내 타입이 아니라는 이유로 떨쳐내기도 하고, 이성이 많이 참여하지 않는다는 이유로 가지 않거나 그 반대의 이유로 거부하는 경우도 있다.

캐런 토마스는 12년 전 북클럽 미팅에서 감사하게도 치과의사였던 현재의 내 남편인 스티브를 소개해준 친구다. 친구들에게, 친지들에게, 동료들에게 좋은 사람 있으면 소개해달라고 적극적으로 부탁해라. 망설이지 말고 자존심 내세우지 말고 부탁하자.

그리고 내 타입이 아니라는 이유로 성급하게 누군가를 외면하지 마라. 그 사람이 당신의 좋은 친구가 되어 미래의 배우자를 소개해줄 수도 있다. 그것이 바로 스몰토크가 만들어내는 관계의 힘이다.

기분 좋게 하는
8가지 삶의 요소

사람들이 돈을 쓰는 데에는 여러 가지 이유가 있다. 보다 나은 미래를 위해서, 사업 자금이나 아이들 학비·병원비·빚 등 당면한 문제를 해결하기 위해서, 또는 봉사와 선교를 위해서, 남들에게 대접받는 기분을 즐기기 위해서 등등.

이렇게 생각해보자. 새로 만난 치과의사의 실력을 바로 판단하기는 쉽지 않지만 어떤 의사가 당신을 더 편하게 해주는지는 알 수 있다. 실력 있는 스키 강사에게 강습을 받는다 해도 리프트를 함께 탈 때마다 긴장으로 침묵이 고조되고 당신을 불편하게 한다면 결국 강사를 바꿀 수밖에 없다. 월마트 같은 대형 슈퍼가 동네에 2개 있다고 하자. 같은 물건을 같은 가격에 판매하고, 둘 다 가까운 거리에 있다면 당신은 어디서 물건을 구매하겠는가? 아마 환불 시스템이 복잡하지 않고, 종업원들이 더 친절하며, 분위기가 더 깔끔한 곳을 선택할 것이다. 고객으로서 제대로 대접받는 느낌을 주는 곳 말이다.

기분을 좋게 하는 요소는 사실상 우리 삶의 모든 부분을 좌지우지한다. 학부모와 면담을 할 때도 마찬가지다. 선생님이 비록 내 아이에 대해 부정적인 피드백을 한다 해도 공격적이고 거슬리는 어투 대신 걱정하는 마음으로 부모에게 공감해준다면 우리는 아마 학교 발전을 위한 지자체 예산을 올리는 데에 투표할 가능성이 높을 것이다.

〈USA 투데이〉지 1면 톱에 농구계의 살아있는 전설로 손꼽히는 스타 선수가 코치로 취직하려고 홍보 전문가를 고용했다는 기사가 실렸다. 하지만 그 스타 선수는 누가 봐도 거만하고 냉담한 이미지를 갖고 있었다. 당연히 고등학교, 대학교는 물론 프로구단마저도 그에게 접근하길 꺼렸고 결국 어느 곳에서도 그를 스카우트하지 않았다.

비슷한 상황을 하나 더 설정해보자. 기업에서 임원 승진 대상자가 2명 있다. 1명은 아주 냉담하고 까칠해서 남들이 다가가기 어려운 인상이다. 상대적으로 다른 1명은 인사성 밝고 따뜻한 시선으로 사람들을 대하는 사회성이 좋은 사람이다. 누가 더 승진에 유리할까? 그 사람 근처에만 있어도 기분이 좋아지는 사람이 그 자리의 주인공이 될 수밖에 없다.

다음은 친밀한 관계를 형성해 비즈니스를 성공으로 이끄는 방법이다.

✦ 스몰토크로 시작해서 스몰토크로 끝내라.

고객 앞에서 PPT를 발표하든, 계약을 협상하든, 물건을 팔든, 서비스를 제공하든, 학부모 면담에 참여하든, 스몰토크로 시작해서 스몰토크로 끝내라.

의사들을 상대로 수행한 연구 결과에서 환자를 진료할 때 잠시라도 그의 가족과 직업, 휴가 계획 등을 물어본 의사가 그렇지 않은 의사에 비해 소송 당할 가능성이 훨씬 적은 것으로 조사되었다.

사람 사는 사회는 이런 것이다. 현실을 직시하자. 사람들은 자신에게 잘해주고 신경 써준 사람한테는 좀 억울한 일이 생겨도 고소하지 않는다. 사람은 누구나 자기를 좋아하는 사람을 좋아하게 마련이다.

✦ 공감을 표현하라.

사람은 누구나 다른 사람이 자기 말을 잘 들어주고 자기 입장을 알아주기 바란다. 설사 잘못된 경우라도 그렇다. 주식 시장이 전체적으로 가파른 상승세를 보이고 있는데 자신의 고객이 보유한 주식은 그렇지 않을 때 주식 브로커는 곤란한 상황에 처하게 된다. 하지만 고객이 직접 선택한 주식임에도 불구하고 그의 '잘못'을 끄집어내어 지적하지 않는다. 그보다는 이렇게 말하는 편이 낫기 때문이다,

"이런 경험을 하게 되어 기분이 많이 언짢으시죠? 제가 어떻게 도와드리면 될까요?"

이런 식으로 말해주기만 해도 고객의 부정적인 감정이 좀 덜어지고 브로커를 바꾸려는 마음도 적어지면서 오히려 관계 설정에 신뢰감이 더 쌓인다.

✦ 따뜻한 미소를 장착하라.

누구를 만나든 반갑게 인사하고, 눈을 맞추고, 미소를 지어라. 인사는 항상 먼저 하라. 그렇지 않으면 경우에 따라서 이익이 되는 사람에게는 아첨하고, 그렇지 못한 사람에게는 교만한 사람이라는 오해를 받을 수도 있다.

사람들이 단골 식당을 자주 찾는 이유는, 진심으로 반가운 미소로 인사하고 따뜻한 마음으로 반갑게 맞아주기 때문이다. 우리 부부도 단골 식당에 갈 때면 가끔 친구들을 데리고 간다. 그 이유는 단골 식당 주인과 종업원들이 우리가 특별하다고 느끼게끔 시간과 정성을 들여 대접해주기 때문이다.

✧ 대화할 때 상대방의 이름을 불러주어라.

대화 중에 상대의 이름을 불러줌으로써 특별한 대우를 받을 수도 있다. 신용 카드 청구서 때문에 카드사 고객센터에 전화할 때 이런 식으로 말해보면 어떨까?

"성함이 OO라고 하셨죠? 제 질문에 친절하게 답해주셔서 고맙습니다."

카드사 상담원은 자신이 맡은 업무가 중요하고 특별하다는 자부심을 갖게 될 것이다. 상대방의 이름을 모를 때는 먼저 물어보고 반복해서 이름이 맞는지 확인하라.

여기서 또 하나 중요한 건, 상대방이 본명 대신 닉네임을 사용할 거라고 생각하지 말라는 것이다. 내 이름은 데비가 아니라 데브라이다. 사람들이 나를 데비라고 부르면 나는 기분이 좋지 않다. 별 거 아니라고? 당신에겐 사소할지 몰라도 나한테는 아주 중요한 문제다.

✧ 관심을 표현하라.

SNS, 이메일, 팩스가 소통의 중심이 된 현대사회에서도 아날로그식 소통은 꼭 필요하다. 어쩌면 그래서 더 필요할지도 모른다. 고객이나 대화 상대자에게 진심으로 관심을 가질 때 인간적인 소통의 문이 열린다.

✤ **더 깊이, 더 구체적으로 물어라.**

일단 대화를 시작했다면 빨리 매듭 짓고 자리를 떠나려는 성급한 마음을 버려라. 당신의 고객이 자신의 휴가에 대한 얘기를 시작했다면 절대로 건성으로 듣고 등떠밀어 내보내지 마라. 오히려 그가 미처 말하지 못한 부분까지 더 깊이, 더 구체적으로 파고들어라. 어디 가서 무엇을 했는지, 누구랑 갔는지, 무엇이 가장 재미있었는지, 다시 가고 싶은지, 왜 다시 가고 싶은지도 물어라.

당신이 상대방의 삶에 대해 궁금해한 만큼 그의 삶에 대한 만족도는 높아진다. 또 그만큼 당신과 나눈 대화를 기분 좋게 생각할 것이다. 다음에 다시 만나면 "지난번에 저한테 말씀하셨던 그 일은 어떻게 됐어요?"라는 식의 질문들로 지난 번에 나눈 대화를 잊지 않고 있다는 것을 표현하라. 이렇게 하면 당신이 그들에게 진심으로 관심이 있다는 것을 깨닫게 될 것이다.

✤ **열심히 들어라.**

상대방과 눈을 맞추고 즉각즉각 반응하면서 열심히 듣는 티를 내라. "그래서요?" "처음엔 무슨 일이 있었는데요?" "그 다음에는요?" "굉장히 힘드셨겠어요." 등등이다. 상대는 엄청난 격려와 함께 당신에 대한 호감을 느끼게 된다.

✦ **조언은 이제 그만둬라.**

직장 동료나 친구가 고민을 털어놓으면 무조건 조언부터 하는 사람들이 있다. 상대가 부탁하지 않은 조언은 짜증을 부른다. 그냥 들어주고 공감한다는 표현만 하라. 조언은 해달라고 부탁받았을 때만 하는 게 맞다.

다음은 기분을 좋게 하는 요소들의 핵심을 잘 설명해주는 이야기다.

급히 프린트할 일이 생겨서 우체국 옆에 있는 프린트 가게로 들어갔다. 굉장히 바쁘기로 소문난 프린트 가게였는데 들어가자마자 이런 표지판이 눈에 띄었다.

'당신의 준비 부족이 저의 긴급함이 될 수는 없습니다.'

나는 생각했다. 급한 문서들을 출력하기 위해 매일 얼마나 많은 사람들이 이곳에 드나들까? 그런데 여기 오는 사람들은 아무도 환영받는 느낌이 들지 않겠구나. 나는 환영은커녕 약간 무시당하는 느낌마저 들었다.

그래서 나는 길 건너편에 있는 프린트 가게로 발걸음을 옮겼다. 화려하고 선명한 색감의 포스터 2장이 기분 좋게 나를 반겼다. 선인장 그림이 있는 포스터에는 이렇게 쓰여 있었다.

'혹시 프린터에 종이가 끼었나요? 선인장의 가시에 찔린 듯한 이 난감한 상황을 바로 해결해드리겠습니다.'

또 딸기잼 그림이 있는 포스터에는 이렇게 쓰여 있었다.

"잼 됐나요?(=일이 엉켜 있나요?) 끈끈한 상황에서 벗어나게 도와드리겠습니다.'

내가 어떤 프린터 가게를 선택했는지는 말할 필요도 없다.

당신이 새로운 직장을 구하는 상황이든, 역량을 강화하고 싶든, 경력을 더 쌓고 싶든, 혹은 신규 고객을 확보하고 싶든, 사람을 기분 좋게 만드는 요소에 신경을 써라. 기분을 좋게 하는 요소들이 무엇인지 연구하고 적용하라. 그리고 뒤따라오는 성공을 프로답게 즐겨라.

Chapter
15

송년 파티를
즐겨라

　연말이면 우리는 이런저런 송년회에 참석해 지인들과 함께 시간을 보내게 된다. 그런 모임을 손꼽아 기다리는 사람도 있지만 의무적으로 참석하는 사람도 꽤 많다. 심지어 배우자에게 질질 끌려가는 경우도 있다. 하지만 피할 수 없으면 즐기라고 하지 않던가! 이제껏 배운 스몰토크 팁들을 주머니에 넣고 다니면 우리도 인싸 등극이 멀지 않다!

　다음은 송년회에서 좋은 분위기에 찬물을 쫙 끼얹는 질문들과 어색한 분위기를 누그러뜨려 친밀감을 높여주는 질문들이다.

분위기에 찬물을 끼얹는 질문

1. "혹시 결혼하셨어요?" 또는 "아이가 있나요?"

   – 상대가 "아니오."라고 대답하면 어쩌려고?

2. "보잉사나 유나이티드 에어라인, 마르다 스테워트 같은 대기업에 취직만 하면 일을 잘할 수 있을 것 같아요? 사람들은 자기 능력에 맞는 회사를 찾을 생각은 않고 무조건 좋은 회사만 찾는다니까요."

   – 이런 유형의 질문은 상대에게 모욕감만 준다. 그냥 이렇게 질문하라. "그 동안 어떤 분야의 일을 하셨어요?"

3. "부인은 잘 지내시죠?"

   – 그가 이혼한 상태면 어쩌려고? 게다가 아내가 재산과 아이들, 집까지 몽땅 가져가 버렸다면?

4. "메리 크리스마스! 이번 크리스마스에는 뭐 할 거예요?"

   – 모두가 크리스마스를 즐기는 건 아니다.

5. "이게 다예요?" "그거 정말이에요?" "정말 빠진 거 없어요?"

   – 어떤 경우에도 이렇게 의심하는 투로 말해서는 안 된다.

송년회에서 어색한 분위기를 누그러뜨리는 질문

1. 파티 주최자랑 어떻게 아는 사이세요?

2. 올해 가장 재미있었던 일은 뭐예요?

3. 1년 중 일이 가장 잘 풀리는 시즌은 언제인가요?

4. 지난번에 만난 이후로 뭐 달라진 거 있어요?

5. 연말에 뭐 하고 지낼 거예요?

6. 연말에 꼭 하고 싶은 일이 있어요?

7. 올해가 가기 전에 도전해보고 싶은 게 있어요?

8. 이제껏 받은 선물 중에 가장 기억에 남는 게 뭐예요?

9. 휴가를 어떻게 보내는 게 좋아요? 이유는요?

10. 새해에 좋은 계획 있어요?

현재를 즐겨라

스몰토크를 마무리하며 《오즈의 마법사》를 떠올려본다. 동화 속에서 마법사는 겁쟁이 사자와 마음이 없어서 슬픈 양철 나무꾼, 스스로 어리석다고 믿는 허수아비에게 이렇게 말한다.

"너희가 그토록 간절히 바라는 것을 너희는 이미 갖고 있단다. 용기와 지혜, 뜨거운 심장은 자기 내면에서 발견해야 하는 것이고, 마법사는 그저 그런 멋진 소망을 자기 내면에서 발견하는 과정을 아주 조금 형식적으로 도와줄 수 있을 뿐이란다."

당신은 이제 어떻게 해야 하는지 모두 알고 있다. 더 이상 전수할 스몰토크 마법이 남아 있지 않으니 이제 그만 하산하라! 이 책에서 배운 내용을 꾸준히 연습해라. 미루지 말고 지금 당장 스몰토크 훈련을 시작하라!

낯선 사람들이 모여 있는 공간에서 당신은 이제 더 이상 한쪽 구석에 처박혀 있지 않을 것이다. 당신이 사람들 사이를 비집고 들어선 순간 당신은 이미 화려한 인싸로 거듭난 것이다. 당신이 늘 부러워하던 그 사람이 바로 당신이라는 것을 깨닫기 바란다.

이제 스몰토커로서 당신은 모든 권리와 특권, 그리고 책임이 있다. 어떤 상황에서도 이 책에서 배운 스몰토크 대화법을 잊지 않기 바란다. 당신은 이제 공식적으로 능숙한 대화의 달인이다. 이제부터는 당신의 오래된 습관조차 단점이 아닌 장점으로 작용한다.

이 책에서 다룬 모든 스몰토크 대화 기술은 사실은 상식적인 내용일 뿐이다. 하지만 우리가 일상에서 마주치는 여러 상황에서 대화에 능한 사람이 되기 위한 유일한 방법은 바로 연습이다. 연습만 한다면 여러분들은 자신의 실력을 의심하지 않아도 된다.

가끔 독자들 가운데 드라마틱하게 삶이 변화한 사람들의 이야기를 듣게 된다. 플로리다에 사는 어떤 남성은 좋아하는 여성에게 용감하게 다가가 데이트를 신청했고, 그들은 지금 부부가 되었다. 오하이오에 사는 어떤 여성은 승진해서 중서부 지역에 있는 회사를 이끌고 있다. 콜로라도에 사는 50대 중년신사는 아내가 암으로 세상을 떠난 고통을 극복하고 제2의 삶을 살고 있다.

아무리 어려운 상황이 닥치더라도 포기하지 마라. 칼빈 쿨리지는 이렇게 말했다.

"세상의 그 어떤 것도 내 의지를 꺾을 수는 없다. 성공하지 못한 재능은 재능이라 할 수 없고, 성공하지 못한 천재는 그저 평범한 보통 사람일 뿐이다. 세상은 교육받은 낙오자로 넘쳐나고 있다. 의지와 투지만 있다면 무슨 일이든 할 수 있다."

먼저 가족이나 친구들을 상대로 연습해보고, 자신감이 생기면 직장 동료나 공적인 관계로 스몰토크의 범위를 확대한다. 사람들이 모이는 장소에 기꺼이 참석하라. 초대를 두려워하지 말고, 친목단체나 봉사단체 같은 모임에 자발적으로 들어가라. 직장에서도 다른 사람들과 함께하는 프로젝트에 기꺼이 적극적으로 참여하라. 다음의 '스몰토크에서 성공하기'로 다시 한 번 자신을 점검하고 훈련하라.

나는 진심으로 당신이 스몰토크의 달인이 되길 바란다. 스몰토크가 제2의 천성이 될 때까지 연습하라. 우리는 표정과 태도로 마음을 바꿀 수 있다. 우울할 때 억지로라도 웃으면 기분이 좋아지는 것처럼 말이다. 싫어도 좋은 척해라. 그러다 보면 진짜로 좋아진다.

스몰토크에서 성공하기

1. 나는 새로운 사업 파트너를 만들거나 새로운 사람들을 만나기 위해 적어도 1개 이상의 모임에 참석한 적이 있다. ⬤ 예 ⬤ 아니오

2. 나는 대화할 때 상대방의 이야기를 경청하려고 의식적으로 노력한다. ⬤ 예 ⬤ 아니오

3. 나는 적어도 2명 이상에게 취업, 사업, 연애 등의 진전을 위해 도와준 적이 있다. ⬤ 예 ⬤ 아니오

4. 나는 적어도 2회 이상 내 분야의 전문가나 투자자를 만나기 위해, 새로운 친구를 만나기 위해, 또는 소개팅을 하기 위해 모임에 간 적이 있다. ⬤ 예 ⬤ 아니오

5. 누군가와 친해지기 위해 내가 먼저 다가간 적이 있다. ⬤ 예 ⬤ 아니오

6. 누군가 나에게 안부를 물어보면 최근 내 생활에서 일어났던 흥미로운 일들을 얘기한다. ⬤ 예 ⬤ 아니오

7. 모임에서 새로운 사람들을 만날 때마다 항상 내 소개를 먼저 한다. ⬤ 예 ⬤ 아니오

감사의 말

콜로라도 대학에서 진행하는 실비 평생교육 프로그램 중에 스몰토크 워크숍 강좌가 있다. 나는 우연히 그 스몰토크 워크숍 강사를 구한다는 정보를 보고 얼른 지원했다. 완전 무료 강좌는 아니고 실비로 책정된 학비를 부담하는 프로그램이었다. 나는 그 분야에 대해 정규교육을 받은 적도 없고 강의 경력도 없었는데도 강사로 채용되었다.

스몰토크 워크숍 강좌를 진행하는 동안 엄청난 교육을 받은 건 학생들이 아니라 오히려 나였다. 평생교육원답게 각계각층, 다양한 연령층으로 구성된 내 수강생들은 워크숍을 마칠 때마다 나에게 엄청난 피드백을 주었다. 그것은 나에게 정말 선물과도 같은 것이었다. 한 학생은 이렇게 말했다.

"살아가는 데 필요한 기술을 익히고 거기에 숙달되면 자신에게 필요한 것과 필요하지 않은 것을 분별할 능력이 생깁니다."

경영자, 영업사원, 법조인, 기술자, 은행원, 대학원생 등, 내 강좌를 수료한 약 천여 명 정도의 학생들이 오늘날의 나로 이끌어 주었다. 이 책을 저술하는데도 그들과의 대화가 큰 도움이 되었다.

스몰토크(Small Talk)는 어색한 분위기를 부드럽게 누그러뜨리고 서로 친해지기 위해 시작하는 짧은 대화 기술이다. 말 그대로 작지만 큰 결과를 가져올 수 있는 가성비 높은 스피치 도구다. 관계를 형성해나가는 브릿지이자 윤활유라 할 수 있다.

스몰토크는 모르는 사람이나 별로 친하지 않은 사람을 만났을 때만 필요한 게 아니다. 매일 만나는 직장 동료들과도 업무 이야기만 할 수는 없으니 날씨 얘기, 어제 본 드라마 얘기 등 가벼운 스몰토크가 필요하다. 비즈니스를 할 때, 연애를 할 때, 가족이 대화할 때, 사람들 앞에서 발표하거나 연설할 때도 필요하다. 강의실에서도, 이웃과 마주치는 엘리베이터에서도 필요하며 환자를 대하는 의료진들도 스몰토크를 배우고 훈련할 필요가 있다.

말에는 에너지가 있다. 적절한 말은 사람을 살리는 생명수가 되고 독이 있는 말은 사람을 죽이는 비수가 된다. 말로 인한 상처는 부모와 자식, 노사관계를 망가뜨린다. 말은 사람을 일으키고 관계를 회복시키며 전쟁을 일으키거나 전쟁을 종식시키기도 한다.

이 책은 일상에서 일어나는 온갖 상황에서 어색한 침묵을 깨는 방법부터 주도적으로 대화를 시작하고 이어가는 방법, 대화를 의미 있게 만드는 방법, 대화에 생기를 불어넣는 방법, 각종 파티나 행사에서 인싸가 되는 방법, 비즈니스 파트너를 친구로 만드는 방법, 대화에서 자연스럽게 빠져나오는 방법까지 사례를 들어 구체적으로 다루고 있다.

특히 대화 중 다른 사람에게 피해를 입히는 범죄의 8가지 유형에 관해 언급하는데, '대화 살인마'라는 중대한 범죄부터 경범죄까지 누구든 이 범죄자에서 자유로울 수 없음을 선언한다. 각자의 이기심이나 자신의 스타일에 따라 알게 모르게 저지르는 대화형 범죄에 대해 자신을 돌아보는 계기가 되었으면 한다. 본서를 번역하며 우리 자신도 역시 숱하게 많은 대화형 범죄와 실수의 생산자였음을 반성하는 시간이 되었다.

평소 소통이나 설득화법 등 주로 빅토크(Big Talk)에 관해 강의를 해온 역자들은 말을 잘하는 요령보다 상대방의 말을 경청하는 공감의 태도와 인내심에 대해 강조해왔다. 스몰토크는 빅토크로 진입하기 전, 사람의 마음을 열게 하는 파티의 초대장과도 같다.

파티를 주최하는 호스트로서의 배려 깊은 자세가 필요하다.

　이 책에서는 현장에 적용할 수 있도록 구체적이고 실용적인 내용들을 다루고 있다. 하지만 현실감을 더하고 한국인의 정서에 맞게 의역과 각색으로 손질했다. 도움을 주신 여러분들께 감사드리며 주변에 가볍게 선물하기에 좋은 책으로 많이 알려지길 바라는 마음이다.

2020년 1월 서재에서
김태승, 김수민

소소하지만 대체할 수 없는 매력적인 소통법

잡담 말고 스몰토크

2022년 11월 28일 초판 3쇄 발행

지은이 데브라 파인
옮긴이 김태승·김수민
펴낸이 조시현
편 집 홍미경
디자인 프리스타일

펴낸 곳 일월일일
출판등록 2013. 3. 25(제2013-000088호)
주소 04007 서울시 마포구 동교로8안길 14, 미도맨션 4동 301호
대표전화 02) 335-5306
팩스 02) 3142-2559
메일 publish1111@naver.com

ISBN 979-11-90611-00-8 13320